개정

영유아 미술교육

이숙재·김경란·이방실

창지사

머리말

유아 미술교육을 발행한지 10년만에 개정을 하였다. 본 개정판에서는 2세 이하의 영아를 포함해서 영유아 미술교육의 이론과 실제를 다루는 것에 역점을 두었다. 지난 10년간 취업모의 증가와 핵가족화로 영유아의 유아교육기관 취원율이 높아졌으며, 이로 인해 영유아 미술교육에 대한 올바른 이해가 더 한층 요구되고 있다. 본서는 대학에서 유아교육, 보육학, 아동학, 사회복지학을 전공하는 학생들과 유치원이나 어린이집에서 영유아 미술을 지도하는 교사에게 미술교육에 대한 이론을 이해시키고 현장에 실제로 적용해 볼 수 있는 미술 지도법과 활동 소개를 목적으로 집필하였다.

본서는 제1부 이론과 제2부 실제 미술 활동으로 이루어졌다. 제1부는 총8장으로 구성하였다. 먼저 1장에서는 영유아 미술교육에 대한 전반적인 이해를 돕기 위해 미술교육의 의의, 교육의 쟁점, 미술교육이 나아가야 할 방향을 살펴보았다. 2장에서는 미술 이론으로 인지 이론, 정신분석 이론, 발달 이론, 지각 이론을 설명하였다. 3장에서는 영유아의 미술 발달 단계와 영유아기 미술표현에서 나타나는 특징을 소개하였으며 4장에서는 최근 발표된 연구결과를 참고하여 미술 발달에 영향을 미치는 요인을 살펴보았다. 5장에서는 영유아 미술교육의 목표 및 내용을 국가 수준의 0~2세 표준보육과정, 3~5세 누리과정에서 관련 내용을 발췌하여 소개하였다. 6장은 미술 교수-학습 방법을 다루려고 교사 역할과 지도계획을 설명하였고 지도방안을 탐색·표현·감상 활동으로 나누어서 자세히 소개하였다. 7장에서는 미술작업 영역구성과 기본 비품, 재료와 도구 등 미술교육 환경구성에 대해 살펴보았다. 8장에서는 미술교육 평가를 영유아의 미술 발달 평가와 교육 평가로 나누어서 설명하였다. 제2부에서는 11가지 생활주제, 즉 나와 친구, 나와 가족, 우리 동네, 동·식물과 자연, 건강과 안전, 생활 도구, 교통 기관, 우리나라, 세계 여러 나라, 환경과 생활, 봄·여름·가을·겨울에 따라 총 147가지의 미술 활동을 소개하였다. 미술 활동은 첫째, 1세에서 5세 영유아를 대상으로 그들의 흥미와 발달수준에 적합하면서 창의적 표현능력과 심미적 태도를 촉진시킬 수 있는 활동 위주로 선정하였다. 둘째, 실내·외 미술 활동과 집단 미술 활동, 개별 미술 활동이 골고루 포함되도록 선정하였다. 셋째, 미술교육 영역의 기본 내용 체계인 탐색·표현·감상 활동을 서로 연계시켜 통합 활동으로 소개하였다. 넷째, 미술 활동별로 대상 연령을 구분하였으나 교육현장에서는 영유아의 실제적인 발달수준, 요구에 맞게 적용하도록 참고사항을 제시하였다. 다섯째, 교사가 영유아의 창의적 사고력과 표현능력을 촉진시키는 데 도움이 되도록 다양한 개방식 질문과 반응의 예를 구체적으로 소개하였다. 본서가 현장의 영유아 미술교육 여건을 향상시키는 데 작은 보탬이 되기를 바라면서 의욕적으로 집필하였으나 막상 원고를 끝내고 보니 미흡한 부분이 많아 아쉽다.

본서가 출간되기까지 도움을 주신 분들께 감사의 인사를 드린다. 늘 곁에서 도와주고 성원해 주시는 성신여대 유아교육과 교수님들께 감사드리며, 그동안 미술교육에 관심을 갖고 연구하는 데 큰 힘이 되어준 성신여대 유아교육과, 대학원, 교육대학원 학생들에게 고마운 마음을 전한다. 또한 출판을 맡아주신 창지사 김기섭 사장님과 편집진 여러분께 감사드린다.

2013년 1월

저자

차 례

제1부 이론

제2부 활동

제1부

이 론

제1장

영유아 미술교육의 이해

1. 영유아 미술교육의 의의

미술 활동은 영유아의 성장과 밀접한 관계가 있다. 미술은 언어처럼 의미를 전달하는 상징 체계(symbol system)의 기능을 할 뿐 아니라 학습의 도구로 활용된다. Isenberg와 Jalongo(2001)에 의하면 미술은 영유아의 자기표현 수단이며 창의적 발달을 위한 매체인 동시에 지식을 습득하고 전달하며 상징화하는 방편이고 감성을 계발하며 교육하는 매개체의 역할을 한다.

영유아 미술교육의 의의를 창의성, 언어, 신체, 정서, 사회성, 인지 발달 등 발달 측면에서 구체적으로 살펴보면 다음과 같다(이정욱·임수진, 2010; 정문자·지혜련·이숙재·김온기, 2003; Koster, 2001; Schirrmacher, 2006).

(1) 미술과 창의성 발달

미술교육의 가장 중요한 가치는 창의성 계발이다. 창의성은 고정된 방식으로 틀에 박힌 사고를 하는 것이 아니라 독특하고 새롭게 생각하는 능력을 의미한다. 이러한 창의성의 본질은 같은 소재나 주제를 각기 다르게 표현하는 것을 중시하는 미술교육의 특성과 일맥상통한다. 특히 미술 활동에는 표현의 제한이 없다. 즉, 미술표현에는 한 가지 정답이 있는 것이 아니라 영유아의 느낌, 생각, 경험을 다양한 자료를 사용해서 독자적으로 나타낼 수 있다. 영유아가 처음으로 크레파스를 손에 쥐고 종이에 무엇인가 끼적거려서 호기심과 새로운 것에 대한 흥미를 표현하면서부터 창의성의 기본 요소인 민감성이 발달하기 시작한다. 또한, 자신의 작품을 완성하는 과정 중에 문제 상황에 직면하여 확산적으로 사고하고 해결해 나가면서 유창성과 융통성, 독창성을 키울 수 있다. 이처럼 영유아는 그리기, 붙이기, 만들기, 꾸미기 등의 미술 활동에서 다각적인 탐색과 실험, 창작을 하면서 새롭고 융통성 있게 생각하는 창의성이 발달한다고 할 수 있다.

(2) 미술과 언어 발달

영유아기는 아직 자신의 의사를 충분히 표현할 수 있는 능력이 부족한 시기이다. 영유아는 말이나 글로 자기의사를 분명하게 표시할 수 없어서 자신의 생각이나 보고 느낀 것을 전달하기 위한 대체 수단으로 그림을 그린다. 예를 들어 3세 남아가 하늘에서 굉음을 내며 날아가는 전투기를 보고 신기했던 경험을 친구에게 알리려고 크레파스로 보라색과 갈색 줄을 좍좍 그으면서 전투기가 날아가며 폭탄을 떨어뜨리는 거라고 신이 나서 설명을 하고 있다. 그림에서 전투기나 폭탄이 잘 알아볼 수 있도록 표현되지는 않았으나 이 남아는 그림으로 시각적인 의사소통을 하는 것이다. 이처럼 미술은 영유아의 자기표현 수단인 동시에 의사소통 수단이 된다.

영유아는 미술 활동에 참여하면서 자기 작품에 대해 설명하고 친구 작품을 보고 질문을 하는 등 자유롭고 부담감 없이 말하는 경험을 하게 되는데, 이런 기회를 통해 다양한 어휘를 습득하고 바르게 말하는 능력이 발달한다. 또한, 작품에 이름과 날짜를 쓰거나 교사가 기록해 준 작품 설명을 보면서 읽기와 쓰기에 관심을 두게 되며 미술 활동 과정 중에 손의 조절능력, 눈과 손의 협응력, 형태 변별능력이 발달하여 읽고 쓰는 문해능력의 기초를 다진다.

(3) 미술과 신체 발달

미술은 시각, 청각, 촉각 등 감각기관을 통하여 사물을 지각하고, 이를 시각적으로 형상화하여 표현하는 작업이다. 따라서 영유아가 만지고, 보고, 듣고, 느낄 수 있는 지각 발달은 미술표현의 가장 기초가 된다. 특히 시각과 촉각은 미술 활동에 중요한 역할을 한다. 미술의 창의적 표현은 지각의 개방성을 전제로 하기 때문에 지각적 개방성이 모자란다면 창의적 미술표현이 불가능할 정도로 지각 발달은 미술과 밀접한 관계가 있다. 영유아는 미술 활동을 하면서 색상, 형태, 선, 공간, 구성에 대한 시각적 지각능력을 기르고 다양한 미술 재료의 질감을 경험함으로써 촉각이 발달한다.

그 밖에 McWhinnie(1992)는 미술 활동이 영유아의 대·소근육 운동능력을 발달시키는 데 중요한 이바지를 한다고 주장하였다(정문자 외, 2003, 재인용). 영유아는 미술작업을 하면서 신체활동과 조작활동을 한다. 예를 들어 화판에 붓으로 그림을 그리거나 찰흙을 떼어서 굴리고 두드리면서 대·소근육의 운동능력이 발달한다. 또한, 가위로 형태 오리기, 종이 접기, 풀칠하여 붙이기 등을 하면서 눈과 손의 협응력이 발달한다.

(4) 미술과 정서 발달

미술에는 영유아의 정서가 그대로 표출된다. Brittain(1979)은 영유아의 욕구, 감정, 성격 등 내면세계가 미술에 반영될 뿐 아니라 미술 활동 경험이 정서 발달에 도움을 준다고 주장하였다. 영유아는 그림 속에 자신을 표현한다. 나무를 그릴 때도 자신의 정서상태를 표현하여 친구나 가족의 죽음을 경험한 영유아는 죽은 나무나 부러진 나뭇가지를 그리는 경우가 있으며 색채 사용도 자기에게 중요성이 있는 특별한 색깔을 사용한다. 특히 영유아들은 언어로 자기감정을 자세하게 표현하는 것이 힘들어서 이 시기의 미술은 기쁨, 흥미, 슬픔 등의 모든 감정을 쉽게 표현할 수 있는 매체가 된다.

한편, 영유아들은 발달에 적합한 미술 활동에 자유롭게 참여하면서 성취감이나 만족감을 느끼고 자기 작품에 긍지를 갖게 되어 자신감과 정서적 안정감을 느낄 수 있다. 또한, 다양한 색상, 선, 형태로 그림을 그리고 다른 사람의 작품을 감상함으로써 풍부한 감성과 심미감을 기른다. 그 밖에 찰흙 빚기, 종이 찢어 붙이기 등의 미술 활동을 하면서 불안, 질투, 스트레스와 같은 부정적인 감정을 정화하고, 이러한 정서를 긍정적인 방법으로 조절하고 표현하는 방법을 학습한다.

(5) 미술과 사회성 발달

영유아가 크레파스를 손에 쥐고 끼적거리기를 하면서 처음으로 그리기 시작하는 대상은 사람의 형태이다. 자기 얼굴, 엄마 얼굴을 그리면서 자신과 주위 사람에 대한 인식을 발달시키고 그림을 타인과의 의미 있는 의사소통 수단으로 인식하게 된다. 이처럼 미술은 개인적 표현인 동시에 사회성을 내포하므로 미술 활동을 하면서 자신이 구성원으로 생활하는 사회에 대해 이해할 수 있게 된다.

미술을 통한 영유아의 사회적 발달은 미술 활동 과정 중에 이루어진다. 대·소집단으로 미술 활동을 하면서 친구와 다양한 상호작용을 맺음으로써 사회성 발달을 이룬다. 미술 재료를 친구와 나누어 사용하고 차례를 지키며 정리 정돈을 하면서 사회성의 기초능력이 발달한다. 또한, 영유아들이 함께 참여하는 공동작업이나 작품 감상활동을 통해 다른 사람의 생각, 감정, 관점을 이해하고 존중하게 되며, 그 밖에 서로 의견을 교환하고 협동적으로 미술 활동을 하면서 공동체 의식도 형성된다.

(6) 미술과 인지 발달

영유아기는 직접적이고 구체적인 경험을 하면서 지적 발달이 이루어지는 시기이다. 즉, 영유아는 실제 사물을 조작하는 경험을 통해 새로운 정보를 기존의 지식과 비교하고 세분화, 정교화하면서 개념 체계를 확장시켜 학습하게 된다. 이런 점에서 볼 때 다양한 직접 경험을 할 수 있는 미술 활동은 영유아의 인지 발달과 밀접하게 연관된다고 할 수 있다. 미술 재료를 가지고 무엇을 어떻게 표현할까? 생각하는 과정에서 자신이 아는 것을 재구성하여 창조하면서 지식을 축적한다.

영유아는 미술 재료를 구체적으로 탐색하고 조작하여 작품 만드는 경험을 통해 사물을 관찰하고 이해하는 능력이 증진되기도 한다. 또한, 미술 활동을 하면서 모양, 크기, 색, 공간, 부피, 위치, 방향 등을 알게 된다. 미술 활동을 통해 분류개념, 서열화 개념, 시간개념, 공간개념이 발달하며 부분과 전체의 관계, 원인과 결과에 대한 이해력과 문제해결 능력이 증진된다. 또한, 수를 세고 숫자를 인식하고 1 : 1로 짝을 지어 보는 등의 미술 활동을 통해 수 개념이 발달하며 미술 재료의 변화 과정을 관찰하고 실험하면서 탐구능력이 발달한다.

2. 영유아 미술교육의 쟁점

인간은 본능적으로 자신의 생각이나 경험을 시각적으로 표현하려는 욕구가 있으며, 이러한 욕구를 다양한 미술 활동을 통해 표현한다. 영유아들에게 있어서도 미술 활동은 의사표현의 수단이 될 뿐 아니라 미술 활동을 통해 상상력이 발달하고 주변 환경에 대한 이해력과 감수성을 높이게 된다.

이처럼 미술이 영유아의 전인적인 성장에 큰 영향을 미친다는 사실에는 학자 대부분이 동의하고 있으나 미술교육 문제에 대해서는 다양한 견해를 피력하고 있다.

현재까지 영유아 미술교육 분야에서 다루어진 논쟁을 5가지 관점에서 살펴보면 다음과 같다(Isenberg & Jalongo, 2001; Schirrmacher, 2006; Wright, 1991).

(1) 영유아 중심의 미술교육 : 교사 주도의 미술교육

미술 활동의 주체가 누구인지에 대한 논쟁으로, 영유아 중심의 미술교육을 주장하는 학자들은 창의적인 미술표현이 이루어지려면 영유아가 미술 활동의 주인이 되어야 한다고 강조한다. 즉, 영유아가 내면의 욕구에 따라 미술 활동의 주제나 자료를 스스로 선택하고 자신이 생각한 방법으로 자유롭게 표현할 수 있어야 한다고 주장한다. 반면에 교사가 영유아의 미술 활동을 적극적으로 지도해야 한다고 주장하는 학자들도 있다. 이들은 영유아가 제멋대로 미술 활동을 하도록 자유롭게 내버려두면 그들의 미술능력이 절대로 향상되지 않으므로 교사가 주도적으로 지도해야 한다고 생각한다.

(2) 과정 중심 : 결과 중심

영유아 미술교육이 과정 중심으로 이루어져야 한다고 주장하는 학자들은 결과 위주로 무리하게 지도하는 경우 창의적 표현이 제한된다고 염려한다. 또한, 영유아가 미술 주제와 자료를 선택하여 그리거나 만들기를 하는 과정 중에 여러 경험을 통해 신체적·지적·사회적·창의적 발달을 할 수 있으므로 미술 활동 과정에 초점을 맞추어 지도해야 한다고 강조한다. 대부분 영유아 중심의 미술교육을 찬성하는 학자들이 과정 중심의 미술교육을 지지한다. 그러나 교사 주도적 미술교육을 지지하는 학자들은 미술 활동을 결과 위주로 지도해야 한다고 주장하면서 교사는 영유아가 훌륭한 작품을 만들도록 적극적으로 지원해야 한다고 강조한다.

(3) 창작활동 : 모방활동

미술을 지도하는 과정에서 영유아에게 흥미 있고 의미 있는 것을 자유롭게 창의적으로 표현하도록 허용하는 방법과 교사가 미술 활동의 결과물을 미리 제시하여 모방하도록 하는 교육방법에 대한 논란이 있다. 영유아 미술을 창작활동으로 중요시하는 견해에서는 영유아가 미술작품을 모방하는 경우, 자신의 생각이나 느낌 또는 내적 욕구를 마음껏 발휘하지 못하고 예술적인 기교만을 습득하게 된다고 반박한다. 그러나 모방을 강조하는 견해에서는 영유아들도 모방을 통해 작품을 완성하는 기쁨을 맛볼 수 있을 뿐 아니라 제작기술을 익힐 수 있다고 주장한다.

(4) 미술 표현활동 : 감상활동

일반적으로 영유아의 미술교육은 단순히 개인의 생각, 감정, 경험을 자유롭게 표현하는 표현 위주의 교육활동으로 간주하는 경향이 있었다. 그러나 최근에는 창의적인 표현활동이 이루어지려면 사물의 미적 요소나 주제, 재료 등을 분석하고 음미하는 감상활동이 함께 이루어져야 한다는 주장이 활발하게 논의되고 있다.

(5) 통합활동 : 단독활동

영유아 미술을 독자적인 단독활동으로 교육할 것인지 또는 음악, 율동, 문학, 언어 등의 다른 교육활동과 통합하여 교육할 것인지에 대해서도 학자들 간에 논쟁이 있었다. 단독활동으로 교육할 것을 주장하는 학자들은 통합이 잘못 이루어지면 오히려 구조화된 학습 경험을 제공할 가능성이 있다고 주장한다. 반면에 통합활동을 옹호하는 학자들은 미술 활동을 다른 교육활동과 통합하여 교육함으로써 영유아의 지식이나 반응의 영역을 확대시킬 수 있다고 주장한다.

3. 현대 영유아 미술교육의 방향

이상에서 제기된 영유아 미술교육의 여러 쟁점을 토대로 현대 영유아 미술교육이 지향해야 할 방향에 대해 제안하면 다음과 같다(박은덕, 1997; 정미경, 1999; Eisner, 1995; Schirrmacher, 2006).

(1) 영유아가 개별적으로 표현할 수 있도록 교육한다

영유아는 각자에게 의미 있는 주관적 경험이나 감정을 자기만의 독특한 방법으로 표현하기 때문에 다양한 미술 재료를 가지고 개별적으로 표현할 수 있도록 지도해야 한다. 대·소집단 시간에 교사가 제공하는 한 가지 미술 활동을 모든 영유아가 따라하게 하는 지도방법은 그들의 개별적 표현을 제한할 수 있으므로 허용적인 분위기에서 스스로 선택하여 자신의 경험을 자유롭게 표현하도록 시간적으로나 환경적 측면에서 배려해 주어야 한다. 예를 들어 만 4세 학급에서 동물원 견학을 다녀온 후 미술 활동을 하는 경우, 자유선택활동 시간에 각자에게 의미 있는 경험을 다양한 미술 활동으로 표현할 수 있도록 지도한다. 즉, 어떤 영유아는 동물 우리에 갇힌 곰을 화판에 그리고 어떤 영유아는 찰흙으로 바다표범을 빚는 등 각기 개별적으로 흥미롭거나 의미 있는 미술 활동을 할 수 있도록 기회를 제공해야 한다.

(2) 발달에 적합한 미술교육을 한다

기본적으로 미술교육은 영유아의 발달수준을 고려하여 계획하고 실시되어야 한다. 교사는 영유아의 개별적인 능력과 전체 학급의 전반적인 발달수준에 따라 미술 활동, 재료와 도구의 난이도를 조정하여 제공하고 영유아의 개인차를 고려하여 상호작용하며 지도한다.

(3) 다양한 미술 재료와 도구를 제공한다

영유아의 미술 활동은 재료에 대한 매력이나 흥미에서 시작된다고 해도 과언이 아니다. 미술 활동에는 기본적인 미술 재료 이외에 생활용품이나 자연물 등 여러 자료가 유용하게 활용될 수 있으므로 영유아의 흥미, 발달수준, 시기를 고려하여 단계적으로 다양한 자료를 제공한다. 처음부터 너무 다양한 재료와 도구가 제공되면 혼란스러워할 수 있으므로 초기에는 익숙한 재료를 몇 가지 제시하고 점차 새로운 재료를 늘려나가는 것이 효과적이다.

(4) 미술 활동의 결과보다는 과정에 초점을 맞추어 교육한다

영유아 대부분은 미술 활동의 결과보다는 과정에 흥미를 보인다. 특히 나이가 어린 영유아는 무엇을 그리거나 만드는 것에 관심을 두기보다는 활동 과정을 즐기는 경향이 있다. 제공된 미술 재료와 도구를 충분히 탐색하고 다양한 방법으

로 표현할 수 있도록 허용하고 격려해 주어야 한다. 교사가 작품의 결과에만 집중하여 빨리 완성하도록 영유아를 재촉하거나 작품을 멋대로 손보거나 수정해 주어서는 안 된다.

(5) 개방적이고 창의적인 표현을 하도록 격려한다

영유아가 미술 활동을 하면서 기본적으로 지켜야 하는 규칙, 예를 들어 안전하게 가위 사용하기, 정돈하기 등과 같은 규칙을 의무적으로 지켜야 하는 경우를 제외하고는 제한을 받지 않고 자유롭게 미술 활동에 몰두하여 창의성을 발휘하도록 교육한다. 따라서 창의적인 표현의 기회를 박탈하는 지도법이나 미술 활동은 배제되어야 한다. 예를 들어 점선 따라 그리기, 색칠하기, 견본품 다라 하기 등과 같이 교사의 지시에 따라 획일적으로 진행되는 미술교육은 지양되어야 한다.

(6) 표현활동과 감상활동의 상호관계를 강조한다

영유아 미술교육에서 표현활동 못지않게 감상활동도 중요하다. 사물이나 자연, 작품 등을 바르게 이해하고 음미할 수 있어야 창의적인 표현도 가능하기 때문이다. 따라서 영유아 미술교육에서는 표현활동과 감상활동을 균형 있게 연계하여 지도해야 한다.

(7) 영유아의 일상생활과 밀접하게 연결해 교육한다

미술교육은 영유아의 생활과 분리되어서는 안 된다. 미술에는 개인의 삶, 경험이 반영되므로 영유아가 일상생활 속에서 미적 요소를 발견하고 고정된 사고의 틀에서 벗어나 자유롭게 탐색하고 실험하면서 생각이나 느낌, 경험을 독창적으로 표현할 수 있도록 풍부한 생활 경험을 제공하고, 이를 미술 활동에 반영하게 지도한다.

(8) 동기유발이 잘되도록 하며 영유아의 적극적이고 지속적인 참여를 유도한다

영유아가 미술 활동에 자발적으로 참여하도록 동기를 유발시켜서 교육한다. 영유아의 흥미나 관심을 끌 수 있는 미술 재료와 활동을 제공하고 세심한 격려, 칭찬, 질문을 함으로써 계속 자극을 받으며 즐겁게 미술 활동을 지속하도록 한다.

(9) 통합활동으로 교육한다

영유아는 미술 활동을 통하여 단순한 기능만을 습득하는 것이 아니라 자신의 욕구를 충족시키고 신체적, 인지적, 사회 정서적, 창의적 발달을 통합적으로 이루게 된다. 따라서 영유아를 위한 미술교육은 음악, 과학, 수학 등 다른 교과 영역과 서로 연결되어 통합적으로 이루어져야 더 효과적이다.

(10) 영유아가 성공적인 경험을 많이 하도록 배려한다

영유아가 미술 활동을 하면서 실패를 두려워하거나 교사나 친구의 평가에 민감해지면 자기 뜻대로 다양한 표현을 시도해 볼 수가 없다. 교사는 영유아가 부담감이나 좌절감을 느끼지 않고 참여하도록 발달수준에 맞는 미술 활동을 제공하고 늘 영유아의 미술 활동을 관찰하여 적절한 시기에 도움을 주어야 한다.

(11) 모든 영유아를 대상으로 교육한다

미술교육은 연령, 성, 능력, 장애 여부, 사회 경제적, 문화적 배경 등에 상관없이 유아교육기관의 일상적인 활동으로 모든 영유아에게 제공되어야 한다. 미술 활동이 영유아의 성장, 발달에 큰 영향을 미치는 핵심적 역할을 할 뿐 아니라 영유아 대부분은 기본적으로 표현 욕구를 가지고 있고 창작능력도 지니고 있기 때문이다.

제2장

영유아 미술 이론

영유아 미술에 대한 관점은 학자들의 이론에 따라 다양하다. 대표적인 미술 이론으로 인지 이론, 정신분석 이론, 발달 이론, 지각 이론 등 4가지를 소개하고자 한다(김혜금, 2011; 이정환, 2002; Brittain, 1979; Eisner, 1995; Seefeldt, 1980; Seefeldt & Barbour, 1994).

1. 인지 이론

인지 이론에서는 영유아가 본 것을 그리는 것이 아니라 자신이 아는 것을 그린다고 주장한다. 예를 들어 영유아가 사람의 옆모습을 그리면서 2개의 눈을 그리는 것은 사람의 눈이 2개임을 알고 그 지식을 그림에 표현한 것이라고 설명한다. 영유아의 그림이 형태나 크기에서 부정확하고 왜곡되게 표현되는 이유는 그들이 성인처럼 많이 알고 있지 못하기 때문이므로, 영유아가 점차 성장하여 지적으로 발달하면 성인처럼 사실적인 그림을 그릴 수 있다고 본다. 즉, 영유아의 지식과 이해력이 발달할수록 미술표현에서 정확성, 복잡성, 세부 묘사가 증가한다는 것이다.

이 이론의 대표적 학자인 Piaget(1954)는 영유아의 그림이나 입체표현이 그들의 인지 발달을 반영한다고 보았다(채영란, 2007, 재인용). 또한, Piaget와 Inhelder (1969)는 인지 발달 과정과 미술 발달을 연관 지어 설명하였다. 즉, 인지 발달의 첫 번째 단계인 감각운동기에 속하는 영유아는 끼적거리기를 하고 전조작기에는 원, 네모, 선 등을 사용해서 사물을 표상하기 시작한다. 또한, 구체적 조작기에 이르면 좀 더 표상적인 도식 그림을 그릴 수 있으며 형식적 조작기에는 사실적인 그림을 그리게 된다(Seefeldt & Barbour, 1994, 재인용).

이러한 인지 이론을 근거로 해서 Goodenough와 Harris(1963)는 'Draw-A-Man Test(인물화 지능검사)'를 개발하여 인물화로 지능을 측정함으로써 지적능력과 미술능력의 관계를 입증하였다(Kellogg, 1970, 재인용).

인물화 지능검사는 영유아에게 남자, 여자 인물화를 그리게 하고 그림의 상세함, 신체부위 간 비율, 운동 협응 정도 등을 기준으로 지능을 산출한다. 이 검사는 시행이 쉬워 나이 어린 영유아나 장애아에게 널리 사용되고 있다(황순택 외, 2007).

인물화((남 3 : 10 작품)

인물화((여 5 : 1 작품)

2. 정신분석 이론

정신분석 이론에서는 미술표현이 영유아의 정서, 감정이나 무의식의 세계를 반영해 주는 거울이라고 믿는다. 이런 관점에서 볼 때 영유아가 초기에 사람 그림을 원(머리)과 수직선 2개(다리)로 그리는 것은 사람의 형체를 잘 모르기 때문이 아니라 원형을 내면적인 의미의 자궁이나 유방을 상징하여 표현한 것으로 간주한다. 영유아의 그림을 보면 사람이나 건물, 태양, 나무의 크기, 위치, 형태 등에서 과장되거나 왜곡, 변형시켜 표현되는 경우가 많다. 예를 들어 가족 그림에서 자신을 귀찮게 하는 동생을 생략하거나 종이 귀퉁이에 아주 작게 그림으로써 동생에 대한 자기 내면의 부정적인 감정을 표현하는 것을 볼 수 있다. 이러한 내면의 표현은 그림의 색깔이나 선에서도 나타나서 Alschuler와 Hattwick(1947)은 150여 명의 영유아 그림을 분석하여 그림의 색채, 형태, 선의 모양에 영유아의 감정이나 성격이 나타난다는 연구결과를 발표하였다. 그들 연구에 의하면 따뜻한 색을 많이 사용하는 유아는 감정적인 행동을 하지만 차가운 색을 즐겨 쓰는 유아는 자기 스스로 자제하는 경향이 큰 것으로 밝혀졌다(김재은, 2002, 재인용).

이러한 정신분석 이론에 근거하여 영유아의 그림을 분석함으로써 성격이나 심리상태를 이해하고 파악할 수 있는 검사 도구가 개발되었는데, 한 가지 예로 동적 가족화 검사(K-F-D; Kinetic Family Drawing)를 들 수 있다. 이 검사는 가족들이 무엇인가를 하는 그림을 그리게 하여 그림의 형식, 특징, 상징, 역동성을 분석하여 가족관계를 파악한다(Burns & Kaufman, 1996).

3. 발달 이론

발달 이론은 미술 이론 가운데 교육현장에서 가장 폭넓게 지지를 받는 이론이다. 대표적 발달 이론가 Lowenfeld(1957)에 의하면 영유아는 선천적으로 미술 능력을 가지고 태어나며 자라면서 이 능력이 자연스럽게 단계별로 나타난다고 한다. 미술 발달의 각 단계는 연속적이며 한 단계를 거쳐야 다음 단계로 발전할 수 있다고 한다. 즉, 예정된 순서에 따라 한 단계에서 다음 단계로 미술 발달이 이루어지는 것이다. 또 다른 발달 이론가인 Kellogg(1970)는 특별히 초기 그림 표현인 끼적거리기에 주목하여 연구하였다. Kellogg는 영유아가 그리는 초기의 그림에는 20가지의 기본 끼적거리기 도형이 나타나며, 이런 끼적거리기를 충분히 경험한 후에야 남이 알아볼 수 있는 형태의 그림을 그릴 수 있다고 주장하였다.

한편, Lowenfeld와 Brittain(1975)은 출생해서 청소년기까지의 그림 그리는 능력이 끼적거리기 단계(2~4세), 전도식 단계(4~7세), 도식 단계(7~9세), 초기 사실적 그림 단계(9~12세), 의사 사실적 그림 단계(12~14세), 예술적 결정 단계(14~17세) 등 6단계로 발달한다고 설명하였다. 이러한 단계 가운데 영유아기에 해당하는 것은 자기표현이 시작되는 끼적거리기 단계, 각자 특유의 도식을 형성하려고 시도하는 전도식 단계, 사람이나 사물을 일정한 도식으로 표현하는 도식 단계이다.

4. 지각 이론

지각 이론에서는 영유아가 아는 것이나 느낀 것을 그리는 것이 아니라 지각한 것을 그린다고 주장한다. 지각 이론의 대표적 학자인 Arnheim(1954)에 의하면 영유아는 사물을 처음에는 분화되지 않은 전체로 지각하다가 점차 세부적인 부분을 지각하게 된다(Seefeldt, 1980, 재인용). 예를 들어 영유아가 사람을 처음 그릴 때 머리와 다리만 있는 형체로 그리는 것은 사람 형체를 분화되지 않은 전체로 지각한 것을 반영한 것이라 한다. 또한, 영유아는 자신이 지각한 모든 것을 다 표현하지 못하는데, 이는 이미지를 표상하는 능력이 덜 발달하였기 때문이라고 한다.

제3장

영유아 미술 발달

본 장에서는 영유아 미술의 발달 단계를 살펴보고, 이를 토대로 영유아기 미술에서 나타나는 특징을 소개하고자 한다.

1. 미술 발달 단계

영유아가 호기심을 가지고 크레파스로 종이 위에 작은 흔적을 내면서 시작되는 미술표현은 영유아가 성장하면서 함께 발달하고 변화한다. 영유아의 미술 발달은 일정한 순서에 따라 이루어지지만 모든 영유아가 똑같은 시기에 똑같은 단계를 거치는 것은 아니다. 한 단계에서 다음 단계로 넘어가는 속도에는 개인차가 나타날 수 있다.

영유아 미술이 어떻게 발달하는가에 대해 많은 학자가 다양한 이론을 제시하였는데, 특히 Lowenfeld와 Brittain(1975)의 미술 발달 단계가 많이 인용되고 있다. 그들은 영아기부터 청소년기까지의 미술 발달을 끼적거리기 단계(scribbling stage), 전도식 단계(preschematic stage), 도식 단계(schematic stage), 초기 사실적 그림 단계(drawing realism), 의사 사실적 그림 단계(pseudo-realism), 예술적 결정 단계(artistic decision) 등 6단계로 분류하였다.

본 절에서는 Lowenfeld와 Brittain 이외에 Kellogg(1970), Brittain(1979), Schirrmacher(2006) 등의 견해를 종합하여 영유아기 미술 발달 단계를 끼적거리기, 전도식기, 도식기로 나누어 소개하고자 한다.

(1) 끼적거리기 단계(scribbling stage : 2~4세)

영유아의 미술 발달은 끼적거림에서 시작된다. 모든 문화권의 2세 전·후 영아는 연필이나 크레파스를 잡고 손을 움직이면서 끼적거리는 것을 좋아한다. 영아들이 주로 표현하는 기본적인 끼적거림의 종류는 원, 수직선, 수평선 등 20가지이며, 이러한 끼적거리기 경험은 영유아 미술 발달의 기틀이 되므로 매우 중요하다(Kellogg, 1970). 끼적거리기 단계는 무분별한 끼적거리기(random scribbling), 조절된 끼적거리기(controlled scribbling), 명명된 끼적거리기(naming of scribbling)로 세분화된다. 단계별로 특징을 설명하면 다음과 같다.

끼적거림(여 2 : 9 작품)

① 무분별한 끼적거리기

2세 전·후의 영아가 처음으로 끼적거리기를 할 때는 아직 손 근육 운동의 조절이 어렵고 눈과 손의 협응도 미숙하기 때문에 비록 손가락으로 크레파스를 잡았

지만 팔 전체를 움직여서 무분별한 끼적거리기를 한다. 무엇을 그린다는 것에는 관심이 없고 단지 팔을 움직이는 행동 자체를 즐기고, 그 결과로 우연히 흔적이 생기는 것이기 때문에 이 시기의 끼적거림은 불규칙적이고 서투른 선으로 표현된다.

이러한 무분별한 끼적거리기는 발달상의 자연스런 현상일 뿐 아니라 표현능력 발달의 기초 경험이 되므로 인정하고 격려해 주어야 한다.

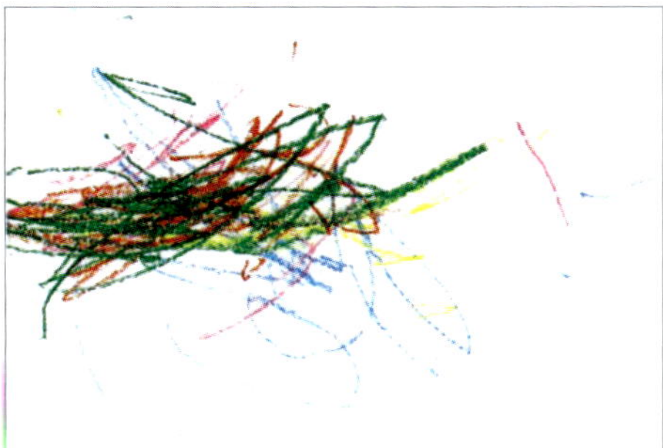
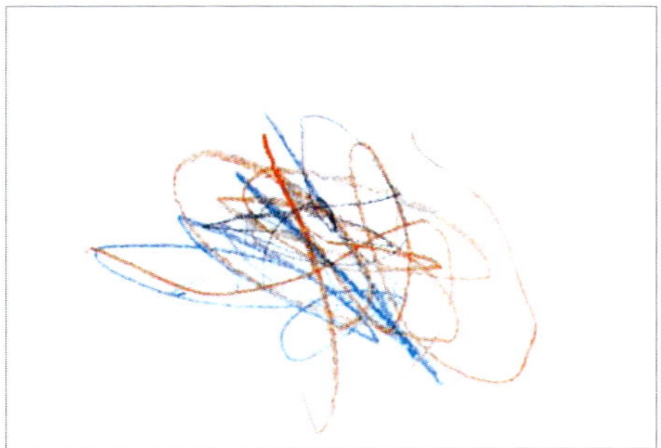

무분별한 끼적거림(여 2 : 4 작품)

② 조절된 끼적거리기

영아가 무분별한 끼적거리기를 시작 한지 6개월이 지나면 자기 손의 움직임과 종이 위에 나타나는 흔적의 관계를 깨닫기 시작한다. 손을 이렇게 움직이면 이런 선이 그려지고 저렇게 움직이면 다른 선이 그어진다는 사실을 발견하여 자신의 동작을 조절하면서 의도적으로 끼적거리기를 하게 된다. 이러한 변화는 획을 긋는 것에 대한 시각적 조절이 이루어졌음을 의미한다.

이 단계는 2½세에서 시작되어 3½세까지 약 1년간 계속되는데, 시각적 조절능력의 발달로 말미암아 더욱 끼적거리기에 열중하여 그림을 많이 그리며 필기도구를 더욱 기술적으로 사용할 수 있게 된다. 끼적거리는 형태도 다양하고 좀 더 복잡해져서 수직선, 수평선, 소용돌이 모양 등도 그린다.

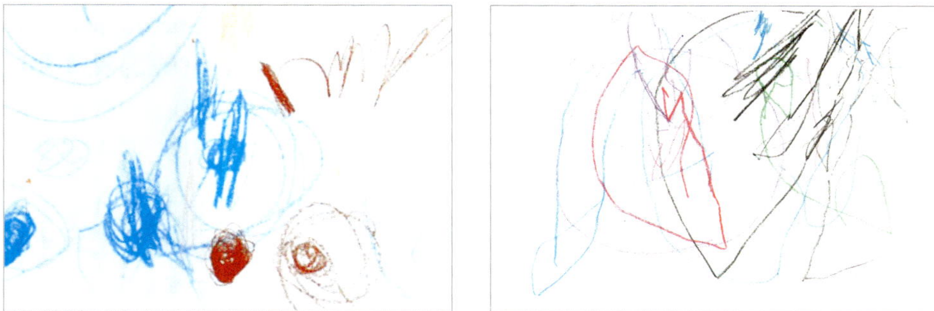

조절된 끼적거림(여 2 : 9 작품)

③ 명명된 끼적거리기

3½세에서 4세가 되면 자신이 끼적거린 것을 보며 '이건 달리는 불자동차야', '이건 뿔 달린 도깨비야'라고 이름을 붙이기 시작한다. 유아는 무엇을 그리겠다는 특별한 생각 없이 종이 위에 끼적거리기를 하고 이름을 적당히 붙이는 경우가 많으며 성인이 보기에 유아가 이름 붙인 것과 유사한 점이 거의 없어 보일 수도 있다. Brittain(1979)은 명명된 끼적거리기가 유아의 추상적 사고를 발달시키는 중요한 계기가 된다고 주장한다. 즉, 자기가 끼적거린 것에 이름을 붙이면서 그림과 주변의 실제 사물을 연결할 수 있게 되며, 이런 경험을 통해 자기가 끼적거린 여러 선의 형태가 어떤 사물을 의미하는 상징임을 이해하게 되고, 그 결과로 추상적 사고력이 촉진된다는 것이다.

(2) 전도식 단계(preschematic stage : 4~7세)

대체로 4세에서 7세까지의 유아가 전도식 단계에 해당한다. 미술표현에서 도식(schema)이란 유아가 어떤 대상에 대한 개념이 형성되면서 그 대상을 그릴 때 일정한 상징을 사용하여 계속 똑같이 그리는 것을 의미한다. 전도식기는 유아가 사람이나 사물을 표현하는 도식을 여러 가지 방법으로 시도하여 각자 고유한 도식을 형성해 가는 과정으로 Lowenfeld와 Brittain(1975)은 이를 전도식기라고 칭하였다.

4세 전·후의 유아가 그리는 그림은 끼적거리기 단계보다는 실제 대상과 좀 더 유사하게 보이는 수준으로 발전하게 된다. 원, 수평선, 수직선 등의 다양한 선을 사용하여 서투르지만 실물의 형태를 어렴풋이 알아볼 수 있도록 그리기를 시도한다. 초기에는 주로 사람을 많이 그리는데, 사람을 타원으로 그리고 그 안에 눈, 코, 입을 그려 넣거나 머리와 다리만 있는 사람 형태(head-feet representation)로 그린다. 5세 이후가 되면 사람 그림에 몸체를 그리고 팔, 머리카락 등을 그려서 사람의 형태가 좀 더 실물과 비슷해진다. 성별의 차이도 표현하여 여자는 긴 머리, 치마, 목걸이 등으로, 남자는 바지, 짧은 머리 등으로 그린다.

또한, 이 시기 유아의 그림에는 자기중심적 사고방식이 그대로 표현되는 특징을 보인다. 즉, 어떤 대상의 내부가 자신에게 중요한 의미가 있으면 외부와 내부를 함께 그려서(예 옷과 그 속의 다리) 투사되는 것처럼 X선 그림을 그린다. 유아의 공간개념도 본인 위주로 형성되어 있어서 자신을 환경의 일부로 인식하지 못하기 때문에 이 단계 초기에는 각 대상 간에 상호 관련이 없는 것처럼 여기저기 나열하는 형태로 그린다. 그러나 점차 공간에 있는 각 대상의 상호 관계를 인식하게 되면서 종이에 기초선(base line)을 긋고 그 위에 대상을 배치하는 그림을 그리기 시작한다. 그 밖에 실물의 상대적 크기를 인식하기 시작하여 자신보다는 엄마, 아빠를 더 크게 그리지만 아직도 자기감정이나 경험을 그림에 반영하여 더 중요한 존재라고 생각하는 엄마를 아빠보다 크게 그리기도 한다.

한편, 이 시기 유아들은 색칠하는 것 자체를 매우 즐거워한다. 그러나 실물과 일치하는 색상을 사용하는 것에는 별로 관심이 없고 자기 마음에 드는 색을 선택하는 경향을 보인다.

꽃밭에서 노는 아이(여 4 : 7 작품)

유치원 가는 날(남 4 : 5 작품)

(3) 도식 단계(schematic stage : 7~9세)

7세가 되면 주로 사람이나 사물을 그리는데 각자 개성이 뚜렷한 도식을 형성한다. 이 단계의 사람 그림에는 목, 손가락, 레이스, 리본 등 더 세부적이고 장식적인 부분까지 표현된다. 도식은 특별한 의미가 있는 경험을 표현할 때는 변형되기도 한다. 도식의 변형은 주로 3가지 방식으로 표현되는데, 첫째는 중요한 부분을 과장되게 표현하는 방식, 둘째는 중요하지 않은 부분을 생략하는 방식, 셋째는 중요한 부분의 상징을 변화시키는 방식이다. 아래 그림과 같이 어떤 유아가 잃어버린 연필을 찾은 특별한 경험을 그림으로 그리는 경우, 손과 팔, 목, 연필을 매우 크고 길게 과장하여 그리는 도식의 변화를 보임으로써 그 중요성을 강조하는 것을 볼 수 있다(Lowenfeld & Brittain, 1975).

한편, 도식 단계 그림의 큰 발전은 공간표현에서 각 대상의 상호 관련성을 인식하여 기초선으로 땅, 하늘, 길 등을 표시한다는 점이다. 그러나 아직도 공간표현에서는 여러 가지 제한점을 보여서 평면과 입면을 혼합하여 그리거나(예 연못의 물고기를 그리는 경우, 연못은 위에서 내려다본 모습으로 그리고 물고기는 옆에서 본 모습으로 그리기) 전도식 단계에서 나타난 X 선식 표현도 계속 나타난다.

표 1 영유아기 미술 발달 단계

<table>
<tr><th colspan="3">1단계 : 끼적거리기 단계(2~4세)</th></tr>
<tr><td colspan="3">자기표현이 시작되는 단계로 무분별한 끼적거리기(random scribbling), 조절된 끼적거리기(controlled scribbling), 명명된 끼적거리기(named scribbling) 등 3단계로 나뉜다.</td></tr>
<tr><th>무분별한 끼적거리기 (2~2½세)</th><th>조절된 끼적거리기 (2½~3½세)</th><th>명명된 끼적거리기 (3½~4세)</th></tr>
<tr><td>• 손과 손목의 운동능력이 덜 발달하여서 필기 도구를 손 전체로 꽉 움켜쥐고 팔을 움직여서 끼적거린다.
• 팔을 이리저리 움직이는 대로 선의 모양이 결정된다.
• 종이 위에 무계획적으로 끼적거리면서 생긴 흔적을 보고 매우 기뻐한다.
• 주변에서 일어나는 일을 참견하면서 종이는 쳐다보지도 않고 끼적거리는 때도 있다.</td><td>• 손의 움직임과 종이에 나타난 흔적 간에 어떤 관계가 있음을 인식하여 계획적으로 끼적거리기를 한다.
• 시각적·운동적 조정능력이 발달하여 손목을 움직이고 시각적인 통제를 하면서 끼적거린다.
• 끼적거림의 양상이 다양해져서 좀 더 복잡한 고리 모양, 소용돌이 모양도 그린다.</td><td>• 자신이 끼적거린 것에 이름을 붙이는데, 명칭과 그림이 유사하지 않은 경우가 많다. 또한, 명칭도 자주 바뀐다.
• 소근육 운동능력이 발달하여 필기 도구를 사용하는 기술이 발달한다.
• 집중하여 다양한 도형을 그린다.</td></tr>
<tr><th colspan="3">2단계 : 전도식 단계 (4~7세)</th></tr>
<tr><td colspan="3">도식(schema)이란 특정개념을 표상하는 일반화된 상징(generalized symbol)을 의미하는데, 전도식 단계에서 각자 특유의 도식을 형성하려고 시도한다.
• 사물의 형태를 표상하려고 시도한다.
• 기하학적 도형을 알아볼 수 있을 정도로 그린다.
• 크기의 비율이나 배치를 제멋대로 그린다.
• 인물화를 많이 그리는데, 특정 부분을 생략하거나 왜곡되게 그린다.
• 초기에는 인물화를 머리와 다리만 있는 형상으로 그리다가 점차 팔, 몸통, 손가락, 발가락, 옷, 머리 등을 그린다.
• 각 사물 간에 상호 연관성이 없는 것처럼 종이의 여기저기에 나열하여 그린다.
• 사물의 내부가 보이는 것처럼 내부를 외부와 함께 그리는 투사식 그림(x-ray drawing)을 그린다.
• 대부분 사물이 정면을 향하는 형상으로 그린다.
• 실물과 일치되는 색상을 선택하기보다 마음대로 색칠한다.</td></tr>
<tr><th colspan="3">3단계 : 도식 단계 (7~9세)</th></tr>
<tr><td colspan="3">사람이나 사물의 형태를 계속 반복하여 그림으로써 개별적으로 일정한 도식을 형성하게 된다.
• 사물에 대한 개념이 그림에 표현되므로 각 개인에 따라 도식이 독특하다.
• 세부적이고 장식적인 표현을 한다.
• 인물화를 세밀히 잘 그린다.
• 공간의 상호관계를 이해하고 땅이나 하늘의 표시로 기초선(base line)을 그린다.</td></tr>
</table>

2. 영유아기 미술 특징

영유아기 미술에서 나타나는 독특한 표현법을 여러 학자의 견해를 종합해서 사람 그림, 집·교통 기관 그림, 동·식물 그림, 공간표현, 색채 사용, 찰흙 만들기 측면에서 정리하면 다음과 같다(김정, 1985; 박은덕, 1997; 이정환, 2002; 정문자·지혜련·이숙재, 2003; Brittain, 1979; Kellogg, 1970; Lowenfeld & Brittain, 1975; Schirrmacher, 2006).

1 사람 그림

- 영유아가 처음 그리는 인물화는 끼적거려서 생긴 원형에 눈, 입 등을 표현한다.
- 초기에는 원형에 수직선 2개를 그어서 머리와 다리만 있는 사람을 그리기도 한다.
- 점차 분화되어 몸통과 팔을 그린다. 팔의 위치를 처음에는 머리에 그리다가 몸체에 그린다. 팔과 다리도 초기에는 선으로 그리다 점차 면으로 표현한다.
- 섬세한 부분을 더 첨가해서 머리카락, 손, 손가락, 발, 신발 등을 그리며 옷, 단추, 리본을 그려서 성별 차이를 표현하기도 한다.
- 영유아가 중요하게 생각하는 신체 부분은 크게 과장하여 표현하고 별로 중요하지 않게 생각하는 부분은 축소하거나 생략하여 그린다.

우리 가족(여 5 : 10 작품)

꽃밭(여 5 : 2 작품)

② 집·교통 기관 그림

- 집의 앞면, 교통 기관의 옆면 그림을 주로 그린다.
- 거의 모든 집에 문, 창문, 지붕, 굴뚝을 표현한다.
- 집이나 교통 기관을 세모, 네모, 원 등의 도형을 이용해서 그린다.

③ 동·식물 그림

- 동·식물에 눈, 코, 입을 그려서 사람 얼굴과 유사하게 그린다.
- 나무는 앞면, 동물은 옆모습을 그리는 경향이 있다.
- 크기의 비율을 고려하지 않고 그려서 집보다 큰 꽃이나 새 등을 그린다.

④ 공간표현

- 초기에는 공간개념이 거의 발달하지 않아서 사물을 여기저기에 나열하여 그림으로써 모든 대상이 공중에 떠 있는 것처럼 보인다.
- 점차 가로 선을 그어서 이것을 기초선으로 삼아 그 위에 모든 대상을 그린다. 때로는 기초선이 경사면인 경우에도 사물이나 사람을 경사면에 직각이 되게 그린다. 예를 들어 굴뚝을 세모 지붕에 수직으로 그리거나 산에 나무를 수직으로 그려서 굴뚝과 나무가 비스듬히 누워 있는 것처럼 보이는 때도 있다.
- 사람이나 집, 교통 기관의 내부가 보이는 것처럼 투시적 표현(X선 그림)을 한다.
- 사물을 위에서 내려다보면서 그리는 평면 그림과 측면에서 바라본 입면 그

버스를 타고 가요(남 4 : 1 작품)

우리 집(남 4 : 5 작품)

림을 혼합하여 그린다.

- 공간표현에서 사람이나 사물을 거꾸로 선 것처럼 그려서 그림의 일부를 접어 올려야 입체표현이 이루어지는 때도 있다. 예를 들어 강강술래 하는 모습을 그리면서 반대편의 사람을 거꾸로 서 있는 모습으로 표현한다(정문자 외, 2003).

5 색채 사용

- 영아기에는 색채 선택을 무의식적으로 한다. 즉, 가까이 놓인 크레파스를 집어들거나 자기 마음에 드는 색깔 한두 가지로 그림을 그린다.
- 5, 6세가 되면 실물의 색상을 고려해서 색칠한다.

6 찰흙 만들기

- 영아기에는 찰흙을 만지고 두드리고 손바닥으로 굴려 밀면서 탐색을 하고 우연히 공 모양이나 뱀 모양을 만든다.
- 3, 4세경에는 찰흙으로 입체상을 만들지 못하고 평면적인 형태(부조 형태)로 만들기를 한다. 즉, 찰흙을 동글납작하게 만들어서 사람 얼굴을 만들고 그 위에 찰흙을 떼어 붙여서 눈, 코, 입을 만든다. 또는 그림 그리듯이 길게 밀어 놓은 찰흙으로 얼굴 윤곽을 만들고 그 안에 눈, 코, 입을 만들기도 한다.
- 점차 복잡한 형태를 만들고 이름 붙이기를 좋아한다.
- 5, 6세가 되면 계획을 세워서 입체적으로 찰흙 만들기를 한다.

롤러브레이드(여 5 : 2 작품)

강강술래(여 5 : 2 작품)

제4장

영유아 미술 발달 관련 요인

영유아의 미술 발달은 영유아의 개인적인 요인과 환경적인 요인의 영향을 받는다. 본 장에서는 미술 발달 관련 요인으로 영유아의 연령, 성(sex), 인지능력, 신체 발달, 정서·사회성 발달, 창의성 발달, 가정·사회 문화적 환경, 교사, 미술 재료 등을 살펴보겠다(김혜전, 2011; 박은덕, 1997; Eisner, 1995; Koster, 2001).

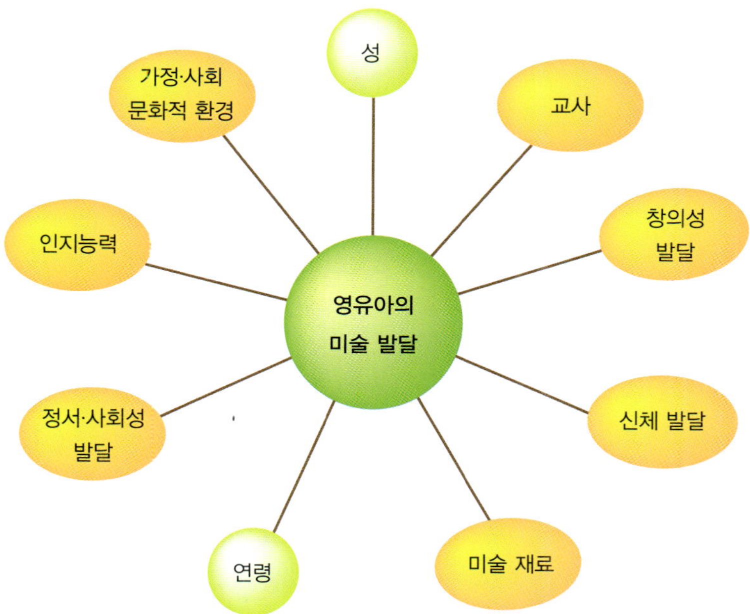

그림 1 영유아의 미술 발달에 영향을 미치는 요인

1. 연령

영유아가 신체적·정신적으로 성장하면서 미술 발달도 함께 이루어진다. 생후 2세 전후에는 종이 위에 끼적거려서 흔적을 내는 그림 그리기를 시작하다가 2~4세가 되면 인물화를 주로 그리는데, 초기에는 머리와 다리만 있는 올챙이 형태로 그리며 점차 몸체, 팔, 다리 등을 그린다. 4~7세경에는 다른 사람이 알아볼 수 있는 형태로 사물을 그리고 8세에는 사실적으로 그린다(Schirrmacher, 2006). 즉, 연령이 높아질수록 신체 부분을 구체적으로 표현한 완성된 인물 형태를 그릴 수 있게 된다(박화윤·안라리·천은영, 2001). 이러한 연령에 따른 발달은 찰흙 만들기에서도 나타난다. 서영경(1999)의 연구에서 3세 유아는 찰흙을 무의도적으로 탐색하다가 우연히 작품을 만들며, 4세 유아는 사물의 기본적인 특징을 표현하는 기본 형태의 작품을 많이 만들었다. 5세 유아는 입체적이고 세부적이며 균형 잡힌 작품을 만들었다.

그림 주제의 선호도 연령에 따라 차이를 보여서 3, 4, 5세 유아는 인물을 가장 많이 그렸으나(김지영, 2011) 점차 연령이 증가하여 9세가 되면 생활에 관련된 주제를 많이 그리는 것으로 나타났다(라원애, 2001). 그림 주제의 개수에서도 3세 유아는 거의 한 가지 주제만을 그리지만 4세부터 주제 수가 증가하여 6~8세에는 3가지 이상의 주제를 많이 그렸다(박은덕, 1998). 색채 사용에서도 연령에 따른 차이가 있어서 연령이 많아질수록 그림을 그릴 때 사용하는 색채의 종류가 더 많았다(김지영, 2011).

2. 성

영유아의 성에 따라 선호하는 그림의 주제와 색채 사용, 표현능력에서 차이가 나타난다. 그림 주제 선호도를 조사한 연구들에 의하면(김지영, 2011; 라원애, 2001; 박은덕, 1998), 여아는 인물과 나무, 꽃 그리기를 선호하였고 남아는 인물보다는 교통 기관, 공룡 그리기를 선호하는 차이를 보였다.

또한, 색채 사용에서도 남아는 파랑, 초록과 같은 차가운 색 계열, 여아는 분홍, 노랑 등의 난색 계열을 즐겨 사용하였으며 남아보다는 여아가 그림을 그릴 때 더 다양한 색채를 사용하였다(김지영, 2011). 그러나 남아와 여아의 색채 선호도에 큰 차이가 없다는 연구결과도 있다(홍선화, 2002).

한편, 유치원아를 대상으로 성별에 따른 인물화의 차이를 분석한 Willsdon(1977)은 여아가 남아보다 6개월에서 1년 정도 표현능력이 빠르게 발달한다고 밝혔다(박은덕, 1999, 재인용). 최영옥과 이영(2000)이 우리나라 4~6세 유아의 미술표현 능력을 분석한 결과, 여아는 남아보다 표상수준과 탐색수준에서 높게 나타났으나 예술성 수준에서는 성별 간에 유의한 차이가 없었다. 이런 결과는 여아가 남아보다 대상을 지각하고 그림으로 표현하는 능력, 대상과 관련된 색을 선정하는 능력과 화면구성 능력이 더 우수함을 보여준다고 할 수 있다.

3. 인지능력

영유아는 일상생활 속에서 관찰하고 경험한 것을 그림으로 표상하면서 다양한 학습을 하고 사고 발달을 이루게 된다. 또한, 영유아가 그림을 그리려면 사람이나 주변 환경에 대한 명확한 개념이 형성되어야 한다. Goodenough(1926)는 영유아의 그림에 나타난 세부적인 표현과 정확성이 그들의 사고력을 반영하는 것이라고 주장함으로써(채영란, 2007, 재인용) 인지 발달 정도가 미술 표상능력에 영향을 미침을 시사하였다. 영유아의 인지능력과 미술표현 능력 간의 관계를 밝힌 김정희(1985)의 연구에 의하면, 지능이 높은 영유아는 그림의 주제가 분명하고 사물에 대해 세부적으로 표현하였으나 지능이 낮은 영유아의 그림은 주제가 불분명하고 사물에 대한 구체적인 표현이 부족한 경향이 나타났다. 4세에서 7세 유아의 그리기 표상능력을 분석한 채영란의 연구에서도(2007) 유아의 인지능력과 재인 기억력이 잘 발달하였을수록 그리기 표상능력이 더 발달한 것으로 나타났다. 그 밖에 몇몇 연구에서는(박유영·김희정·조은정, 2008; 지성애, 2007) 유아의 공간 지각력이 높을수록 그리기 표상능력이 더 발달한 것으로 밝혀졌다.

4. 신체 발달

영유아가 오감을 통해 다양하게 경험한 것을 그림으로 표현하려면 신체 발달이 기본적으로 이루어져야 한다. 1~2세 영아가 처음 그림을 그릴 때는 팔과 어깨를 크게 움직여서 종이 위에 무계획적으로 끼적거리기를 한다(Lowenfeld & Brittain, 1975). 이는 영아의 손 근육 조절능력과 눈과 손의 협응이 잘 발달하지 않았기 때문이다. 그러나 점차 신체 발달이 이루어져서 소근육 운동능력이 증진되면 다양한 미술 도구와 재료를 자유자재로 사용하여 그림을 그릴 수 있게 된다. 최근에 우리나라 4, 5세 유아 대상의 연구에서도(지성애·김낙홍·조성희·박지희·윤소연, 2009) 그리기 표현능력이 운동능력과 정적 상관이 있는 것으로 나타났다. 특히 한발로 균형 잡기, 굽히기와 펴기 등과 같이 균형감과 유연성을 측정하는 비이동 운동보다는 달리기, 말 뛰기, 높이뛰기 등 신체의 위치를 바꾸면서 적극적으로 움직이는 이동운동이 그리기의 다양한 세부 항목과 더 높은 상관을 보였다.

그 밖에 미술 활동은 시각예술이라고 불릴 정도로 신체 발달 중 시각 발달과 관련이 깊다. 영유아가 그림을 그리거나 찰흙을 빚으려면 시각적으로 선, 형태, 색깔, 질감 등을 보고 느끼고 표현할 수 있어야 한다. 시각장애아와 정상아의 그림표현의 차이점을 비교 분석한 연구(양경희, 1990)에서 정상아는 다양한 색상을 사용해서 사실적이고 장식적으로 인물화를 그리지만, 시각장애아는 사실적인 사람 모습보다는 주관적으로 인식한 모습을 선으로 단순하게 표현하는 경우가 많았다.

5. 정서·사회성 발달

영유아의 미술 활동은 정서 발달과 밀접한 관계를 맺는다. 영유아의 내면세계가 미술에 표현되므로 그들의 정서상태에 따라서 그림의 색상, 내용, 선 등이 달라진다. 그림의 색채와 영유아의 성격 간의 관계를 분석한 Alschuler와 Hattwick(1947)의 연구에 의하면 영유아가 감정적으로 격한 상태에서는 빨강, 노랑, 주황 등의 따뜻한 색을 주로 사용했으며 환경에 잘 적응하고 행복감을 느낄 때에는 차가운 색인 파랑을 사용했다(박은덕, 1997, 재인용). 또한, 영유아가 주변 사람과 정서적으로 안정되게 애착을 하는지도 미술 활동과 관련이 있는 것으로 밝혀졌다. 애착 유형에 따라 영유아의 동적 가족화를 분석한 연구(김진경, 2009; 이숙재·이봉선, 2003; 장영심, 2006)에 의하면 불안정 애착 영유아들은 안정 애착 영유아들보다 가족 구성원을 더 많이 생략하여 그리는 경향을 보였다.

정상아와 정서발달장애아의 동작성 가족화를 비교·분석한 연구에서도 큰 차이가 발견되었다(김현정, 1997). 즉, 정상아는 형태표현에서 직선을 많이 사용하였으나 정서장애아는 끊어진 선으로 표현하는 경우가 많았다. 또한, 정서장애아는 기본적인 신체부위를 생략하는 경우가 현저히 많았으며 어머니나 자신을 생략하고 그리는 경우가 많았다.

한편, 영유아의 그리기 능력은 사회적 능력과도 상관관계가 있는 것으로 여러 연구에서 밝혀졌다. 예를 들어 지성애(2007)의 연구에서는 또래들과 역동적으로 원만하게 놀이를 이끌어가는 능력이 많은 영유아일수록 그리기 능력이 더 우수한 것으로 나타났으며 유치원 적응능력과 그리기 표현능력 간에 정적상관이 있다고 밝힌 연구(지성애·김낙홍·조성희·박지희·윤소연, 2009)도 있다.

6. 창의성 발달

미술 활동은 영유아가 자신의 경험, 생각이나 느낌을 자유롭게 표현하기 위해 재료를 탐색하고 다양한 방법으로 사용하여 형태나 모양을 구성하는 작업이다. 이러한 미술작업 과정에서 미술 재료를 가지고 자신만의 새롭고 독특한 아이디어로 표현활동을 하면서 문제를 해결하는 확산적인 사고 과정, 창조적 사고 과정을 거치게 되므로 영유아 미술과 창의성은 밀접한 관계에 있다고 할 수 있다. Lowenfeld와 Brittain(1975)은 미술작업 과정이 3단계의 창의적 과정, 즉 첫 번째 단계는 표현하고 싶은 욕구가 생기는 단계, 둘째는 표현하는 데 필요한 경험을 수집하는 단계, 세 번째 단계는 표현하고 마무리하는 단계로 이루어진다고 주장하였다. 우리나라 만 5세 유아의 그리기 표상능력과 창의성과의 관계를 분석한 박유영·김희정·조은정(2008) 연구에 의하면, 유아 그림의 다양한 색채, 세부적 묘사, 조화로운 구성, 주제 관련 표상 등이 창의성과 정적상관을 보였다. 또한 이고은(2006의) 연구에서도 그리기 표상능력과 창의성이 높은 정적상관을 나타냈다.

7. 가정·사회 문화적 환경

영유아의 미술표현에는 일상생활의 경험이 반영되므로 영유아의 미술 발달은 가정과 사회 문화적 환경의 영향을 많이 받는다. 가정의 영향력을 분석하기 위해 어머니의 취업 여부에 따른 가족화 표현을 살펴본 연구에 의하면(신유정, 2003) 취업모의 영유아기 자녀가 비취업모 영유아보다 가족 생략을 많이 하였으며, 특히 부모와 자신을 생략하여 그리는 경우가 많았다. 또한, 부모의 양육태도가 일치하지 않는 가정의 영유아도 일치한 부모의 자녀보다 가족 구성원을 더 많이 생략하였을 뿐 아니라 아버지와 자신을 비활동적으로 표현하였으며 가족 간에 상호작용이 없는 모습을 많이 표현하였다(이지선, 2005).

영유아의 성장환경과 그림과의 관계를 분석하려고 Smart와 Smart(1977)가 영어를 사용하는 미국, 영국, 뉴질랜드, 캐나다, 호주 등 5개국 영유아가 그린 인물화를 분석하였다. 그 결과, 미국 영유아들은 다른 나라 영유아보다 미소를 지으며 서 있는 인물화를 더 많이 그렸다. 미국 사회의 행복을 추구하는 가치관이 영유아의 인물화에 미소 짓는 모습으로 표현된 것이며 인물화가 서 있는 모습으로 표현된 것은 오랜 시간 TV를 시청하는 미국 영유아의 생활습관 때문에 소극적인 자세로 묘사된 것이라고 Smart와 Smart는 설명하였다. 또한, 뉴질랜드 영유아는 두 사람을 그린 경우, 대부분 영유아와 성인의 그림을 그렸는데, 이는 부모와 자녀 관계를 강조하는 뉴질랜드의 문화적 배경이 반영된 것이라고 해석하였다.

한편, Wilson과 Wilson(1984)은 아동화에 대한 사회적 환경의 영향을 조사하려고 도시와 농촌에 거주하는 9, 12세 이집트 아동의 그림을 분석한 결과, 인물의 형태는 유사했으나 3차원적 화면구성에서 도시 아동이 농촌 아동보다 뛰어

난 것으로 밝혀졌다(박은덕, 1997, 재인용).

우리나라 영유아를 대상으로 이원영(1990)이 연구한 결과에서도 지역별 차이가 나타났다. 즉, 농촌 지역의 영유아들은 협소한 공간을 많이 그렸으며 대도시 영유아들은 농촌 영유아와 비교하면 자연 그대로의 공간을 많이 표현하였다.

이러한 사회 문화적 환경의 영향력은 영유아의 초기 미술 단계에서는 크게 작용하지 않기 때문에 전 세계 거의 모든 영유아의 그림이 비슷한 양상을 보이다가 점차 성장하면서 사회 문화적 차이가 미술표현에 나타난다(Arnheim, 1974; Eisner, 1995).

8. 교사

여러 선행연구 결과에 의하면 교사의 존재 자체, 태도, 질문, 미술교수 효능감, 교수법 등이 영유아의 미술 발달에 큰 영향을 미친다. 즉, Brittain(1979)이 관찰한 바에 따르면 교사의 존재 자체가 영유아의 미술 활동에 영향을 미쳐서 교사가 없는 상황에서는 영유아가 거의 말없이 짧은 시간 동안 미술 활동에 참여하였으나 교사가 곁에 있는 경우, 자기 작품에 대해 자유롭게 많은 설명을 하였을 뿐 아니라 혼자 할 때보다 거의 2배나 길게 미술 활동을 지속하였다.

그러나 다른 연구에서는 교사의 영향력이 교사의 태도나 질문 등에 따라 긍정적이거나 부정적인 효과를 가져 올 수 있음을 보여주고 있다. Brittain(1970)은 교사의 태도를 민주적, 방임적, 권위적 태도 등 3가지 유형으로 분류하여 영유아의 미술 활동 참여 시간을 조사하였다. 그 결과, 영유아의 의견을 존중해 주는 민주적 교사와 함께 있을 때 영유아가 가장 오래 미술 활동에 참여하였고 그다음은 명령하고 지시하는 권위적인 교사였으며 영유아가 가장 짧게 미술 활동에 참여하는 경우는 방임적 교사였다. 이런 결과를 통해 Brittain은 영유아에게 미술 재료만 제공하고 내버려두기보다는 관심을 두고 민주적으로 상호작용하는 것이 중요하다고 주장하였다(Brittain, 1979, 재인용).

우리나라의 영유아 그림을 분석한 우명옥(2001)의 연구에 의하면 교사가 언어적으로 인정을 해 주었을 때 영유아가 더 많은 그림을 그렸고 미술표현 능력도 향상되었다. 또한, 송경섭(1991)도 교사의 질문 유형에 따른 효과를 분석하였는데, 교사가 다양한 질문을 한 경우, 영유아가 만들기에 지속적인 흥미와 자신감을 가지고 다양한 재료를 사용해서 주제의 특성이나 세부 묘사를 잘 표현하였다. 그러나 교사가 지시적 질문을 한 집단의 영유아는 만들기에 대한 흥미가 적었고 재료 사용도 제한적이었으며 주제의 특성이나 세부 묘사가 잘 이루어지지 않았다.

한편, 교사의 미술교수 효능감도 영유아의 미술 발달에 영향을 미쳐서 교사의 미술교수 효능감이 높을수록 영유아의 입체미술 표현능력이 높았다(김희영, 2004). 채영란의 연구에서도(2007) 교사의 미술교수 효능감이 영유아의 그리기 표상능력에 영향을 미치는 예측 변인으로 밝혀졌다.

그 밖에 지성애(2001)는 미술교수 방법이 영유아의 표상능력에 미치는 효과를 연구하였는데, 그 결과는 다음과 같다. 그림의 기본 도형과 선의 병합능력, 그림 표상을 언어 표상으로 연결하는 능력의 증진에는 역할놀이 교수법이 효과적이었고 조화로운 공간 표상능력, 창의적이고 세부적인 표상능력의 증진에는 견학교수법이 효과적이었다.

9. 미술 재료

미술 재료를 사용해 본 경험 여부, 발달수준의 적합성, 다양성 등에 따라 영유아의 미술표현이나 사용법이 달라진다. 영유아가 사용해 본 경험이 없는 새로운 재료를 가지고 미술 활동을 하는 경우, 자주 사용하던 재료로 작업할 때보다 표현능력은 떨어질 수 있으나(Koster, 2001), 새로운 매체로 말미암아 미술 활동에 참여하고자 하는 흥미와 욕구를 자극할 수 있다. 또한, 미술 재료가 영유아의 발달수준에 적합해야 안전하고 활발하게 활용할 수 있다. 그 밖에 정문자·지혜련·이숙재와 김온기(2003)는 영유아의 미술 발달을 촉진하려면 주변에서 손쉽게 구할 수 있는 다양한 재료의 제공을 주장한 바 있다. 실제로 영유아를 대상으로 한 미술 발달 연구에서(김옥식, 2009; 유명옥, 2001; 이미현, 1999) 다양한 미술 재료를 제공했을 때 그림이 더욱 세밀화되고 질적으로 향상된 것으로 나타났다.

제5장

영유아 미술교육의 목표 및 내용

영유아 미술교육의 목표는 미술교육에 대한 관점이 시대에 따라 변화하면서 다양하게 제시되었다. 즉, 20세기 초반에서 중반까지는 표현을 강조하는 표현주의 미술교육 이론이 주류를 이루어서 영유아 미술교육의 목표도 자기표현과 창조성이 강조되었으며 교육 내용으로 그리기, 만들기 등 표현활동이 중요하게 다루어졌다. 1960년대부터는 학문 중심 미술교육(DBAE, Discipline Based Art Education)이 대두하면서 미술교육의 목표로 미술작품의 창조 이외에 미술작품 지각하고 반응하기, 이해하기 등을 제시하였고 교육 내용으로 작품 제작, 미학, 비평, 미술사가 강조되었다(박정애, 2001; 정미경, 1999). 1990년대에 들어서는 사회의 다원화 현상과 학제 간 연구(interdisciplinary studies)가 활성화되면서 여러 교과 영역을 포괄하는 통합적 미술교육이 강조되고 있다.

본 장에서는 영유아를 위한 미술교육의 목표와 내용을 살펴보고자 우리나라 0~2세 표준보육과정의 예술경험, 3~5세 누리과정의 예술경험 영역을 소개하고자 한다.

1. 0~2세 표준보육과정의 미술교육 목표 및 내용

표준보육과정은 영유아보육과정의 목적, 목표, 내용과 운영에 관련된 국가 수준의 보육과정으로 영유아보육법 제29조 제2항 및 제4항에 따른 영유아보육법 시행규칙 제30조에 따라 고시되었다. 표준보육과정은 기본생활, 신체운동, 사회

관계, 의사소통, 자연탐구, 예술경험의 6개 영역으로 구성되어있으며 제2차 개정 표준보육과정에 의하면 각 영역은 만 2세 미만, 만 2세, 만 3~4로 구분되어 있다.

본 절에서는 누리과정이 적용되지 않는 0~2세 표준보육과정 중 미술교육과 연관된 예술경험 영역의 미술교육 목표와 내용을 살펴보고자 한다(보건복지부, 2012).

(1) 0~2세 표준보육과정 예술경험 영역의 미술 관련 교육 목표

0~2세 표준보육과정 예술경험 영역의 교육 목표는 '주변의 친근한 환경과 일상생활에 관심을 보이고 예술적 요소를 직접 경험하고 즐김으로써 창의성과 감성을 기른다'이며 하위 목표는 다음과 같다.

첫째, 주변 생활에서 발견한 예술적 요소와 아름다움에 관심을 보이고 탐색한다.
둘째, 자신의 생각과 느낌을 다양한 방법으로 표현하는 것을 즐기며 창의적으로 표현한다.
셋째, 자연물과 사물, 자신 및 또래의 작품, 예술작품들을 보고 느끼고 감상한다.

(2) 0~2세 표준보육과정 예술경험 영역의 미술 관련 교육 내용

0~2세 표준보육과정 예술경험 영역의 내용 범주는 '심미적 탐색', '예술적 표현', '예술 감상' 등 3가지로 구성되어 있다. 교육 내용은 연령에 따라 만 2세 미만, 만 2세로 나누어서 조직하고 이를 다시 1~4수준 또는 1~2수준으로 세분화하였다. 미술 관련 교육 내용을 영유아의 연령별로 소개하면 다음 표와 같다.

표 2 만 2세 미만 예술경험 영역의 미술 관련 교육 내용

내용 범주	내용	1 수준	2 수준	3 수준	4 수준
심미적 탐색	소리, 움직임, 시각적 자료에 호기심 갖기	시각적 자료에 호기심을 가진다.		친근한 사물의 색, 질감, 모양 등에 호기심을 가진다.	

내용 범주	내용	1 수준	2 수준	3 수준	4 수준
예술적 표현	단순한 미술 경험 시도하기			간단한 감각적 경험을 한다.	
예술 감상	주변의 아름다움 경험하기	자연이나 주변 환경, 사물의 아름다움을 일상생활에서 경험한다.			

표 3 만 2세 예술경험 영역의 미술 관련 교육 내용

내용 범주	내용	1 수준	2 수준
심미적 탐색	주변 환경의 예술적 요소 탐색하기	주변 환경에서 색, 질감, 모양 등을 탐색한다.	
예술적 표현	단순한 미술 활동 즐기기	그리기, 만들기를 자발적으로 한다.	
		간단한 도구와 미술 재료를 다룬다.	
예술 감상	주변 환경의 예술적 요소에 관심 갖고 즐기기	자연과 사물에서 색, 질감, 모양 등에 관심을 가지고 즐긴다.	
		자신과 또래의 미술품에 관심을 가지고 즐긴다.	

2. 3~5세 누리과정의 미술교육 목표 및 내용

2012년에 고시된 3~5세 누리과정은 유치원과 어린이집의 교육·보육 과정을 통합하고자 유아교육법 제13조 제2항 및 영유아보육법 시행규칙 제30조에 의거한 국가 수준의 교육과정이다. 3~5세 누리과정은 발달 특성을 고려하여 연령별로 구성되어 있으며 신체운동·건강, 의사소통, 사회관계, 예술경험, 자연탐구의 5개 영역으로 조직되어 있다. 이 가운데 미술교육에 관련된 영역은 예술경험 영역이다. 예술경험 영역은 유아가 자신의 친근한 주변 환경에서 발생하는 소리, 음악, 움직임과 춤, 형태와 색 등에서 아름다움을 느끼고 또래와 교사, 부모, 지역 사회 사람이나 작가들이 표현한 다양한 예술작품을 가까이 접하면서 탐색하고 창의적인 표현을 즐기며 감상하도록 하기 위한 영역이다. 본 절에서는 3~5세 누리과정에서 미술 관련 교육 목표와 내용을 살펴보고자 한다(교육과학기술부, 보건복지부, 2011, 2012).

(1) 3~5세 누리과정 예술경험 영역의 미술 관련 교육 목표

3~5세 누리과정 예술경험 영역의 교육 목표는 '아름다움에 관심을 가지고 예술경험을 즐기며 창의적으로 표현하는 능력을 기른다'이며 하위 목표는 다음과 같다.

첫째, 자연과 주변 환경에서 발견한 아름다움과 예술적 요소에 관심을 갖고 탐색한다.
둘째, 자신의 생각과 느낌을 음악, 움직임과 춤, 미술, 극 놀이를 통해 창의적으로 표현하는 것을 즐긴다.
셋째, 자연과 다양한 예술작품을 감상하며, 풍부한 감성과 심미적 태도를 기른다.

(2) 3~5세 누리과정 예술경험 영역의 미술 관련 교육 내용

3~5세 누리과정 예술경험 영역의 교육 내용은 '아름다움 찾아보기', '예술적 표현하기', '예술 감상하기'의 3가지로 나누어져 있다. 각각의 교육 내용은 3, 4, 5세 연령별로 세분화되어 있으며 미술 관련 교육 내용만을 소개하면 다음 표와 같다.

표 4 3세 예술경험 영역의 미술 관련 교육 내용

내용 범주	내용	세부 내용
아름다움 찾아보기	미술적 요소 탐색하기	자연과 사물의 색, 모양, 질감 등에 관심을 갖는다.
예술적 표현하기	미술 활동으로 표현하기	다양한 미술 활동을 경험해 본다. 미술 활동에 필요한 재료와 도구에 관심을 가지고 사용한다.
	통합적으로 표현하기	예술활동에 참여하여 표현과정을 즐긴다.
예술 감상하기	다양한 예술 감상하기	다양한 음악, 춤, 미술작품, 극 놀이 등을 듣거나 본다. 나와 다른 사람의 예술표현을 소중히 여긴다.
	전통예술 감상하기	우리나라의 전통예술에 관심을 갖는다.

표 5 4세 예술경험 영역의 미술 관련 교육 내용

내용 범주	내용	세부 내용
아름다움 찾아보기	미술적 요소 탐색하기	자연과 사물의 색, 모양, 질감 등에 관심을 갖는다.
예술적 표현하기	미술 활동으로 표현하기	다양한 미술 활동으로 자신의 생각과 느낌을 표현한다. 협동적인 미술 활동에 참여한다. 미술 활동에 필요한 재료와 도구를 다양하게 사용한다.
	통합적으로 표현하기	음악, 움직임과 춤, 미술, 극 놀이 등을 통합하여 표현한다. 예술활동에 참여하여 표현과정을 즐긴다.
예술 감상하기	다양한 예술 감상하기	다양한 음악, 춤, 미술작품, 극 놀이 등을 듣거나 보고 즐긴다. 나와 다른 사람의 예술표현을 소중히 여긴다.
	전통예술 감상하기	우리나라의 전통예술에 관심을 갖는다.

표 6 5세 예술경험 영역의 미술 관련 교육 내용

내용 범주	내용	세부 내용
아름다움 찾아보기	미술적 요소 탐색하기	자연과 사물의 색, 모양, 질감, 공감 등을 탐색한다.
예술적 표현하기	미술 활동으로 표현하기	다양한 미술 활동으로 자신의 생각과 느낌을 표현한다. 협동적인 미술 활동에 참여하여 즐긴다. 미술 활동에 필요한 재료와 도구를 다양하게 사용한다.
	통합적으로 표현하기	음악, 움직임과 춤, 미술, 극 놀이 등을 통합하여 표현한다. 예술활동에 참여하여 창의적으로 표현하는 과정을 즐긴다.
예술 감상하기	다양한 예술 감상하기	다양한 음악, 춤, 미술작품, 극 놀이 등을 듣거나 보고 즐긴다. 나와 다른 사람의 예술표현을 소중히 여긴다.
	전통예술 감상하기	우리나라의 전통예술에 관심을 갖고 친숙해진다.

제6장

영유아 미술 지도

본 장에서는 영유아 미술을 어떻게 가르칠 것인가에 대해 고찰하고자 한다. 먼저 미술 지도에서 교사가 어떤 역할을 해야 하는지 알아보고 미술 활동 지도계획을 살펴본 후에 탐색활동 지도법, 표현활동 지도법, 감상활동 지도법을 소개하고자 한다.

1. 교사 역할

교사는 다양한 미술 활동 자료를 준비해 주고 새로운 활동을 제공할 뿐 아니라 영유아들과 상호작용을 통해 미술 활동을 적절히 지도해야 한다. 미술교육을 위하여 교사는 계획자의 역할, 안내자의 역할, 촉진자의 역할, 창의성 전문가로서의 역할을 할 수 있는데, 이들 4가지 교사 역할을 살펴보면 다음과 같다(이정욱·임수진, 2010; Koster, 2001; Nielsen, 1999; Schirrmacher, 2006).

(1) 계획자로서의 교사

교사는 효율적인 미술교육을 위해 사전에 철저하게 계획을 세워야 한다. 즉, 유아교육기관의 하루 일과 중에 정기적으로 미술 활동을 할 수 있도록 충분한 시간을 배정하고 영유아의 발달수준과 흥미 및 생활 주제에 적합한 미술 활동을 선정해서 주간·월간 교육 계획안을 작성해야 한다. 이때 탐색활동, 표현활동, 감상

활동이 골고루 포함되도록 고려한다. 또한, 각 미술 활동을 위한 준비물, 사전활동, 지도방법과 확장활동에 대한 계획안을 구체적으로 수립하도록 한다.

(2) 안내자로서의 교사

교사는 영유아가 심리적으로 안정된 분위기에서 자발적으로 미술 활동에 참여하고 자유롭게 표현할 수 있도록 안내하는 역할을 해야 한다. 모든 영유아의 미술 활동을 격려하고 수용하는 태도를 보여야 하며 결과 중심으로 완성된 결과물을 강조하여 지도하기보다는 영유아가 미술작업 과정 자체를 즐기고 다양한 경험을 하도록 지도한다. 또한, 영유아가 주도적으로 활동에 몰입하여 창의적인 표현방법을 스스로 발견하도록 이끈다. 그 밖에 미술을 사랑하고 즐기는 데 필요한 풍부한 감성과 심미적 태도 등 기초소양을 기르도록 다양한 표현과 감상 경험을 제공한다.

(3) 촉진자로서의 교사

교사는 영유아의 미술 활동을 관찰하면서 필요에 따라 직접, 간접으로 개입하여 상호작용하면서 도와줄 수 있다. 교사는 영유아의 미술 활동을 일방적으로 지시하거나 제한, 비판해서는 안 된다. 늘 우호적인 표정과 몸짓, 개방적 질문과 작품에 대한 진지한 대화, 구체적인 칭찬을 통해 영유아의 미술 활동을 인정하고 격려해줌으로써 그들이 좀 더 적극적으로 즐겁게 미술 활동에 참여할 수 있도록 한다. 또한, 새로운 활동방안을 제안하여 창의적인 사고와 표현을 유도한다.

(4) 창의성 전문가로서의 교사

교사는 미술교육에 대한 전문성과 감각, 영유아 미술 발달에 대한 이해와 지도 경험을 필수적으로 갖추어야 한다. 특히 교사는 미술교수 효능감을 높여 미술교육에 대한 자신감과 열의를 가지고 영유아와 즐겁게 참여할 수 있는 능력을 길러야 한다. 또한, 교사 자신이 창의적이고 독창적이 되도록 노력하며 영유아의 창의적 사고와 표현을 격려할 수 있는 창의적인 모델이 되어야 한다.

2. 미술 활동 지도계획

교사가 영유아의 미술교육을 위한 지도계획을 세울 때 고려해야 할 사항은 다음과 같다.

(1) 발달에 적합한 미술 활동 선정

교사가 미술 지도를 계획할 때 우선으로 고려해야 하는 점은 영유아의 흥미와 요구, 발달수준에 적합한 미술 활동을 선정하는 것이다. NAEYC 지침에 따르면, 미술 활동은 영유아의 적극적인 탐색을 유도할 뿐 아니라 교사와의 상호작용, 또래 간 상호작용 또는 미술 재료와의 상호작용을 촉진할 수 있어야 한다. 1~5세 영유아에게 적합한 미술 활동과 적합하지 않은 미술 활동을 살펴보면 다음 표와 같다(양경희, 2008; NAEYC, 1991)

표 7 영유아에게 적합한 미술 활동 : 부적합한 미술 활동

연령	적합한 미술 활동	부적합한 미술 활동
1, 2세	• 다양한 감각 재료를 활용한 탐색활동 • 크레파스로 마음대로 끼적거리는 활동 • 종이 구기기 및 찢기 활동 • 찍기 활동 • 개별 미술 활동	• 결과 중심의 미술 활동 • 가위로 복잡한 선 오리기 • 인체에 해로운 재료를 사용하는 미술 활동 • 대집단 미술 활동
3세	• 다양한 미술 재료의 탐색활동 • 물감칠하기 활동 • 가위로 오려붙이는 활동 • 찰흙 조형활동	• 그림본 안에 색칠하기 • 다른 작품 모방하기 • 실물과 유사한 사실적 표현활동 • 장시간 시행하는 집단 미술 활동
4, 5세	• 다양한 미술 감상활동 • 공동작업 활동 • 바느질, 목공 등 정교한 손동작이 필요한 미술 활동 • 컴퓨터, 카메라 등 다양한 미술 매체를 활용하는 활동 • 음악, 문학과 연계한 통합적 미술 활동	• 모방활동 • 교사 중심의 지시적 미술 활동 • 미술적 기능 중심의 반복활동

(2) 영유아 미술 활동의 균형적 계획

미술 활동을 하루 일과 중 어느 시간에 할 것이며, 어느 장소에서 실시할 것인가를 계획하는 것은 중요하다. 일반적으로 미술 활동은 자유선택활동 시간이나 집단활동 시간에 실시하며, 장소에 따라서는 실내 또는 실외에서 진행할 수 있다. 교사는 자유선택활동 및 대·소집단 미술 활동, 실내·실외에서의 미술 활동이 균형 있게 포함되도록 계획을 세워야 한다.

① 자유선택활동

유치원이나 어린이집의 하루 일과 중 자유선택활동 시간에 미술 영역이나 조형영역에서 이루어지는 미술 활동을 계획할 때 유의사항은 다음과 같다.

- 영유아의 흥미에 따라 자유롭게 선택하여 참여하도록 여러 가지 미술 활동을 제공한다. 또한, 활동에 필요한 시간은 영유아의 흥미와 활동 속도에 따라 개별 차이가 있으므로 충분한 시간을 계획한다.

• 난이도 수준이 다양한 미술 활동을 준비해서 영유아가 자신의 발달수준에 적합한 활동을 스스로 선택할 수 있게 한다.
• 영유아의 흥미를 유발시키고 편리하게 재료를 사용할 수 있도록 미술 영역에 매력적이고 다양한 미술 재료와 도구를 효과적으로 배치한다.
• 미술 활동과 다른 흥미 영역의 활동이 상호 연결되도록 계획한다. 예를 들어 미술 영역에서 탈을 만드는 경우, 음률 영역에서는 탈춤을 출 수 있는 의상과 음악을 계획한다.
• 교사의 도움 없이 영유아 스스로 미술 활동을 할 수 있도록 간단한 문장과 그림으로 된 활동 순서 카드를 제공하도록 계획한다.
• 특히 영아 학급은 발달 특성상 대·소집단으로 미술 활동을 진행하기보다 자유선택활동 시간에 미술 영역에서 개별활동이 자유롭게 이루어지도록 계획하는 것이 효과적이다.

② 집단 미술 활동

미술 활동을 집단활동 시간에 실시하도록 계획한다. 예를 들어 그림 그리기, 공동작업이나 작품 감상, 미술에 관련된 이야기 나누기, 미술 활동에 대한 평가 등을 집단활동으로 계획한다.

• 가능하면 6~8명씩 소집단으로 구성하도록 계획한다.

- 유아의 흥미 지속 시간과 집중력을 고려하여 집단 미술 활동 시간은 30분을 초과하지 않도록 계획한다.
- 집단활동으로 시행하는 때도 유아가 원하는 활동을 선택할 수 있도록 2~3가지의 미술 활동을 계획한다.
- 미술 활동에 대하여 동기가 유발될 수 있도록 재료나 활동방법을 다양하고 흥미롭게 소개하는 방안을 계획한다.
- 미술 활동을 소개하거나 설명할 때 교사가 주도적으로 이끌어 나가기보다 유아들의 의견을 들어보고 토의 과정을 거쳐서 유아의 생각을 반영하도록 계획한다.
- 공동작업(예 우리 동네 꾸미기)의 경우에는 함께 참여하는 유아들 간에 작업을 계획하고 역할을 분담하는 협의 과정이 이루어지도록 한다. 또한, 작업의 시작부터 마무리까지 유아들의 적극적인 참여와 협동적인 태도가 유지되도록 계획한다.

③ 실외 미술 활동

실외 미술 활동은 실내 미술 활동의 연장일 뿐 아니라, 보다 적극적으로 자연물을 탐색하고 미적 요소를 감상할 기회를 제공한다. 계절이나 날씨의 변화에 따라 실외환경을 충분히 활용할 수 있는 미술 활동을 계획할 수 있다.

- 날씨와 계절 등을 고려하여 실외에 적합한 미술 활동을 계획한다. 즉, 바람과 일조량이 적은 날에는 그리기와 칠하기, 만들기 등의 미술 활동이 적절하고 날씨가 더운 여름날에는 보디 페인팅을 즐길 수 있으며 이슬비가 내리는 날에는 빗물 그리기 활동을 할 수 있다. 맑은 날의 햇빛은 자연조명으로 탐색과 감상 활동에 도움이 된다.
- 실외에서 손쉽게 구할 수 있는 재료, 예를 들어 나뭇잎, 모래, 돌멩이 등을 활용한 미술 활동을 계획한다.
- 실외에서 이루어지는 미술 활동은 활동의 유형에 따라 개별활동이나 소집단활동으로 지도하는 것이 효과적이므로 이를 반영하여 계획한다.

(3) 주간 교육 계획안과 미술 활동 계획안 작성

유치원이나 어린이집 교사는 주별로 어떤 미술 활동을 할 것인지 먼저 가략적으로 계획하고 각각의 미술 활동에 대한 구체적인 계획을 세워서 실시해야 한다.

① 주간 교육 계획안 작성

주간 교육 계획안에는 환경구성과 요일별 활동계획이 포함된다. 주간 교국 계획안을 작성할 때에는 다음의 사항에 유의한다.

- 생활 주제에 맞추어 다양한 미술 활동을 선정하여 요일별로 균형 있게 계획한다.
- 탐색·표현·감상 활동이 서로 연관되도록 활동을 계획한다.
- 미술 활동과 다른 영역별 활동, 예를 들어 언어·수·과학 활동과 상호 연결될 수 있도록 계획한다.
- 미술 활동이 음악, 동작, 극 놀이, 문학 활동 등 다른 예술활동과 통합되도록 계획한다.
- 개별 미술 활동 및 집단 미술 활동, 실내 미술 활동 및 실외 미술 활동이 골고루 포함되도록 계획한다.

표 8 주간 교육 계획안의 예

대상 : 만 5세, 생활 주제 : 동물

<table>
<tr><th colspan="3"></th><th>월</th><th>화</th><th>수</th><th>목</th><th>금</th></tr>
<tr><td colspan="3">미술 관련 환경구성</td><td colspan="5">• 애완동물 사진
• 동물 주제의 명화(예 피카소-「새를 잡은 고양이」, 이중섭-「개」, 이암-「모견」, 박봉수-「닭싸움」)
• 새장, 어항, 동물 사육장(개, 토끼, 닭)</td></tr>
<tr><td rowspan="8">실내자유놀이</td><td colspan="2">미술활동</td><td>동물 본에 무늬찍기 (모루 도장)</td><td>'조지야 짖어봐' 극 놀이 소품 만들기</td><td>신문지 찢어서 새 만들기</td><td></td><td>재미있는 모양의 보아 뱀</td></tr>
<tr><td rowspan="7">미술관련활동</td><td rowspan="2">언어</td><td>애완동물 이름 찾기</td><td></td><td>이야기 순서대로 그림 카드 놓아보기</td><td></td><td>'내가 만약 보아 뱀으로 태어났다면' 이야기 꾸미기</td></tr>
<tr><td colspan="5">그림책과 관련 도서
『내 친구 커트니』, 『크릭터』, 『털북숭이 뭉치』, 『점박이 포거스』, 『조지야 짖어봐』, 『자꾸만 물건들이 없어져요』, 『고양이』, 『삐이삐이 노래하는 병아리』, 『언제라도 다시 만날 수 있어요』, 『이런 동물 저런 동물』, 『세상에서 가장 유명한 미술관』, 『세밀화로 함께 보는 동물 백과사전』</td></tr>
<tr><td>과학</td><td>거북이·열대어 관찰하여 그리기</td><td></td><td>누구의 발일까?</td><td>애완동물 백과사전 만들기</td><td></td></tr>
<tr><td>역할</td><td></td><td>'조지야 짖어봐' 극 놀이</td><td></td><td>동물 인형극</td><td></td></tr>
<tr><td>쌓기</td><td>애완동물 집 구성하기</td><td></td><td></td><td>블록으로 동물 만들기</td><td></td></tr>
<tr><td>음률</td><td>'동물의 사육제' 음악 감상</td><td></td><td></td><td></td><td>동물 움직임과 어울리는 음악 찾기</td></tr>
<tr><td>컴퓨터</td><td>CD-Rom '동물원'</td><td></td><td>인터넷 : 애완동물 조사하기</td><td></td><td></td></tr>
<tr><td colspan="3">집단활동</td><td>동물 그림에 제목 붙이기</td><td>이암의 「모견도」 감상</td><td>애완동물 초대하기</td><td>수족관 현장학습</td><td>슬라이드 동화 '사자가 좋아' → 상상의 애완동물 만들기</td></tr>
</table>

<table>
<tr><th colspan="3"></th><th>월</th><th>화</th><th>수</th><th>목</th><th>금</th></tr>
<tr><td rowspan="4">실외자유놀이</td><td colspan="2">미술 활동</td><td></td><td>먹으로 동물 그림 그리기</td><td>모래에 동물 발자국 찍기</td><td></td><td></td></tr>
<tr><td rowspan="3">미술관련활동</td><td>역할</td><td>애완동물로 분장하기</td><td></td><td></td><td>동물병원 놀이</td><td>상상의 애완 동물 되어보기</td></tr>
<tr><td>탐구</td><td>애완동물 관찰하기</td><td></td><td>동물 먹이 조사하기</td><td></td><td>동물 관찰하기 → 세밀화 그리기</td></tr>
<tr><td>신체</td><td></td><td>'강아지 왈츠'에 맞춰 신체 표현하기</td><td></td><td>'동물들의 움직임' 신체 표현하기</td><td></td></tr>
</table>

② 미술 활동 계획안 작성

주간 교육 계획안이 작성되면 각 미술 활동별로 활동 목표, 활동 재료, 지도방법 등을 상세하게 계획한다. 미술 활동 계획안을 작성할 때 다음의 사항에 유의한다.

- 미술 활동이 이루어지는 시간이나 장소, 집단의 크기는 하루 일과를 고려하여 계획한다.
- 미술 활동이 원활하게 진행되고 풍부한 표현이 이루어지기 위해 어떤 재료를 어떻게 준비해야 하는지 구체적으로 계획한다(예 크기, 형태, 색, 수량을 고려한 재료 담는 바구니 준비).
- 창의적인 미술경험이 가능하도록 영유아의 발달수준, 미술 활동의 종류에 따라 지도방법을 다양하게 계획한다.
- 미술 활동을 유도하기 위한 도입활동이나 사전활동을 계획하고, 본 활동을 확장시킬 수 있는 사후활동을 계획한다.
- 미술 활동을 준비하거나 지도하는 데 도움이 되는 지침을 참고사항에 포함해 계획한다(표 9 참조).
- 본격적인 미술표현에 앞서 주재료 탐색이 미술적 요소와 관련해서 이루어지도록 계획한다.
- 유아들의 작품(결과물)은 다른 유아들과 함께 감상할 수 있도록 계획한다.

표 9 미술 활동 계획안의 예

활동명	재미있는 모양의 보아 뱀	대상	5세
활동 목표	• 찰흙을 이용하여 여러 형태의 선을 표현한다. • 다양한 재료로 창의적인 찰흙 뱀을 꾸밀 수 있다.		
활동 자료	찰흙(작은 덩어리를 밀폐용기에 담기), 꾸미기재료(모루, 빨대 조각, 이쑤시개), 찰흙 도구, 찰흙 판(이름표 부착), 물감, 붓		
사전활동	개인용 찰흙 판을 만들어 놓는다. 이름표를 붙인다.		
지도방법	① 『크릭터』 동화를 회상하며 찰흙으로 보아 뱀 만들기를 제안한다. –크릭터는 어떤 뱀이었지? –보아뱀을 무엇으로 만들면 좋을까? –어떻게 만들까? ② 찰흙과 재료, 도구를 탐색한다. –손바닥으로 찰흙을 미니까 어떻게 되었니? –찰흙으로 굵은 뱀을 만들어볼까? ③ 찰흙으로 보아 뱀을 만든다. –어떤 모양의 뱀을 만들어 볼까? –더 긴 뱀을 만들려면 어떻게 해야 할까? ④ 모루나 빨대 조각 또는 찰흙 도구로 뱀을 꾸민다. –여러 재료를 이용해서 어떻게 꾸밀까? –뱀에 빗살 무늬를 만들려면 무엇이 필요하니? ⑤ 잘 말린 후 물감을 칠해 다시 말린다. –어떤 색깔의 물감을 칠할까? –어떤 무늬를 그려볼까? ⑥ 찰흙 보아 뱀을 보며 감상한다. –이 보아 뱀은 어떤 모습을 하고 있니? –○○가 만든 보아 뱀에게 어떤 이름이 어울릴까? –이 뱀은 어떤 재료로 꾸민 거니?		
참고사항	찰흙을 오래 반죽해야 마를 때 깨지지 않으므로 교사가 미리 반죽한 후 덩어리로 나누어 제공한다.		
확장활동	• 도화지에 털실로 뱀 모양을 만들어 붙인 후 색종이나 크레파스로 꾸며본다. • 전선이나 모루를 이용하여 뱀을 만든 후 모빌처럼 매달아 전시할 수 있다. • 유아들이 만든 여러 가지 모양의 보아 뱀에 이름을 붙이고 전시한다.		

3. 탐색활동 지도

영유아는 탐색활동을 통해 사물을 관찰하고 감각적으로 느끼며 조형적 요소를 발견할 수 있을 뿐 아니라 다양한 미술 매체를 새롭게 활용하는 방법을 모색할 수 있다. 특히 영유아기에는 주변 환경을 탐색하고 다양한 미술 재료를 접해볼 기회가 많지 않기 때문에 표현활동하기 전에 자연과 주변 환경에서 아름다움을 찾아보고 여러 가지 미술 재료를 충분히 탐색하는 과정이 필요하다.

(1) 탐색활동의 필요성

탐색활동의 필요성을 구체적으로 살펴보면 다음과 같다(교육과학기술부, 2008; 박은선, 2005; 최수현, 2010).

- 탐색활동을 통해 재료의 특성을 정확히 이해하고 활용법을 인식할 수 있다.
- 색, 형태, 질감, 명암 등 조형 요소에 대한 관심과 흥미를 느끼고 미적 감각을 발달시킬 수 있다.
- 재료를 탐색하면서 미술 활동에 참여하고자 하는 동기를 유발시킬 수 있다.
- 재료를 조작하고 실험하며 탐색하는 과정에서 융통성 있게 생각하고 새로운 아이디어를 고안해내는 창의성이 발달한다. 영유아 미술교육에서 탐색행동은 창의적 과정의 출발점이다(Lasky & Mukerji, 1980, 정문자 외, 2003, 재인용).
- 다양한 미술 재료와 도구를 탐색하면서 재료와 도구에 익숙해지고 미술표현에 꼭 필요한 조작능력을 키울 수 있다.

(2) 탐색활동 지도지침

탐색은 표현활동과 감상활동의 기초가 된다. 탐색활동을 지도하기 위한 지침은 다음과 같다(여성가족부, 2007; 최수현, 2010; Herberholz & Hanson, 1990; Kindler, 1995; Koster, 2001; Wright, 1991).

- 시각적, 촉각적, 청각적, 후각적 탐색 기회를 갖도록 주변 사물과 자연, 미술 재료, 일상용품 등 다양한 탐색 재료를 제공한다. 특히 영아의 미술 활동에서 탐색 경험은 더욱더 중요하다. 나이 어린 영유아들은 미술 활동의 결과물을 산출하기보다 탐색으로 시작해서 탐색으로 끝날 수도 있음을 명심해야 한다.
- 탐색 재료는 영유아의 발달수준에 적합하고 흥미와 요구에 맞아야 한다. 또한, 재료는 다양하고 값이 싸며 쉽게 구할 수 있어야 한다.
- 영유아가 직접 보고, 듣고, 만져 볼 수 있는 능동적이고 직접적인 탐색 경험을 제공한다(예 현장 견학).
- 사물을 주의 깊게 관찰하는 태도를 격려하며 충분한 탐색 시간을 제공하여 자유롭게 탐색하도록 허용한다.
- 교사는 영유아의 탐색 과정에 참여하여 개방적 질문을 함으로써 영유아가 여러 재료의 특성을 파악하고 창의적인 활용방법을 스스로 발견하도록 격려한다.
- 여러 가지 미술 재료들을 혼합하거나 조작해봄으로써 물리적 변화를 경험할 수 있는 탐색활동(예 색깔의 혼합, 추의 진동을 이용한 그림 그리기)을 제공한다.
- 영유아가 안전하게 탐색할 수 있도록 사전에 재료의 안전성 여부를 점검하고 탐색활동 중에 감독을 철저히 한다.
- 영유아가 가정에서 미술 활동에 활용할 수 있는 다양한 재료를 찾아서 탐색

하도록 가정과 연계하여 지도한다. 예를 들어 미술 활동에 필요한 재료를 가정에서 부모와 함께 수집하여 교실로 가져와 관찰, 탐색해 보게 한다.

4. 표현활동 지도

표현활동에는 평면 미술 활동(그리기와 물감칠하기, 찍기)과 입체 미술 활동(찰흙, 콜라주, 구성하기, 직조)이 포함된다. 교사는 다양한 미술 재료를 제공하여 영유아들의 표현을 격려하며, 자신의 흥미에 따라 아이디어를 표출할 수 있도록 해야 한다. 또한, 표현활동의 결과물로 나오는 작품을 적절히 전시하고 보관함으로써 작품을 소중히 다루는 태도를 지니도록 지도한다. 미술 활동 유형별 지도방법과 작품 전시 및 보관방법은 다음과 같다(양경희, 2008; 이정욱·임수진, 2010; 임영서, 1999; Kolbe, 1991).

(1) 그리기 지도

- 영유아의 발달수준 및 요구, 흥미에 적합한 그림 그리기, 물감칠하기 자료, 예를 들어 크레파스, 사인펜, 색연필, 종이, 물감, 붓 등을 다양하게 제공해 준다. 항상 똑같은 그리기 자료를 제공하기보다 적절한 시기에 변화를 주어서 영유아의 흥미가 지속되도록 한다. 그 밖에 미술 활동 경험이 많지 않은 영아에게는 처음부터 너무 다양한 자료를 제공하면 혼란스러울 수 있으므로 기본적인 자료만 제공하다가 점차 종류를 늘려서 제공한다.
- 영유아를 가까이에서 관찰하면서 적절한 시기에 개입한다. 교사는 영유아의 이야기를 경청하고 언어적, 비언어적(미소 짓기, 고개 끄덕거리기)으로 반응하며, 때로는 그리기 활동에 함께 참여하면서 창의적인 표현활동을 격려한다.
- 영유아에게 무엇을 표현하는 것인지 질문(예 이게 무엇이니? 호랑이니?)하는 것은 오히려 도움이 되지 않는다. 특히 나이가 어린 영유아들은 무계획

적으로 미술 활동을 시도하기 때문에 작품의도에 대해 대답을 하도록 질문하는 것은 심리적인 부담감을 안겨 줄 수 있다.

- 활동 과정 중에 영유아와 이야기를 나누거나 칭찬, 질문을 함으로써 그리기 활동을 촉진할 수 있다. 예를 들어 “선을 길게 그었구나. 아주 열심히 칠했더니 색이 곱게 칠해졌네.” 등의 언어적 표현은 영유아로 하여금 자신의 미술 활동에 관심을 두고 작품에 대해 이야기하도록 동기를 유발한다.
- 다양한 재료를 함께 혼합하여 활용하거나 한 가지 재료를 다양한 방법으로 사용하도록 격려한다.
- 개별활동 경험에 익숙해진 후에는 여러 명이 하나의 작품을 완성하는 공동작업의 기회를 제공한다.
- 일반적으로 나이 어린 영유아들은 물감과 붓을 크레파스나 사인펜보다 다루기 어려워하므로 물감 그림의 발달수준이 크레파스 그림보다 더 뒤떨어질 수 있음을 이해하여야 한다.

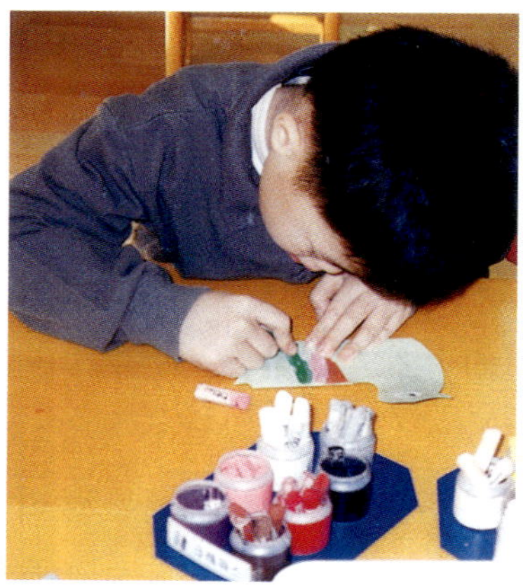

(2) 찍기 지도

- 처음에는 비교적 단순한 찍기 활동을 제공하는 것이 좋다. 예를 들어 한 가지 찍기 재료(예 네모 찍기 틀)를 가지고 세 가지 물감(예 빨강, 노랑, 파랑)

으로 찍어보게 하거나 세 가지 찍기(예 원, 네모, 세모)를 한 가지 물감으로 찍어보게 한다. 영유아가 찍기 활동에 익숙해지면 친숙한 형태 이외에 새로운 재료들을 첨가시켜 줄 수 있다. 특히 영유아는 자신의 신체를 이용하여 손바닥 찍기, 입술 찍기, 몸 본뜨기를 하면서 다양한 찍기를 경험하도록 한다.

- 선명하게 잘 찍히려면 물감의 농도를 진하게 준비해 주고 종이도 흡수성이 적절한 종류를 제공한다. 물감 접시 안에는 패드(예 부직포)를 깔아 주는 것이 좋으며 종이 밑에 신문지를 깔고 찍기를 하면 잘 찍힌다.
- 나뭇잎과 같은 자연물이나 손바닥 무늬찍기를 할 때는 세부적인 부분까지 잘 찍혀지도록 물감을 붓으로 칠하거나 롤러를 굴려서 칠한 후 찍기를 하도록 지도한다.
- 활동을 시작하기 전에 어떤 디자인으로 찍기를 할 것인지 미리 생각하도록 격려한다(예 반복하여 연속 찍기).
- 영유아가 찍은 사물의 형태, 크기, 색, 그리고 패턴 등의 특징에 주의를 기울이도록 지도한다. "동그란 깡통을 찍으니 어떤 모양이 나왔니? 노란색 물감을 묻혀서 찍으니 어떤 색 동그라미가 생겼니? 이번에는 깡통을 굴려서 찍어볼까?"라고 이야기함으로써 사물의 형태, 색, 찍는 방법과 그 결과를 연관지어 생각할 기회를 제공한다.
- 찍기를 한 후에 덧붙여 그림을 그리거나 물감을 칠해서 꾸며보도록 격려한다.

- 물감이 옷에 묻거나 바닥에 떨어질 수 있으므로 활동 전에 앞치마를 입히고 바닥에는 비닐이나 신문지를 깔아 놓는다.

(3) 오리기와 붙이기 지도

- 연령이 어린 영유아에게는 잘 찢어지는 종이(예 휴지, 화지), 흥미를 끌 수 있는 종이 종류(예 색종이)를 제공하여 구기기, 자유롭게 찢기, 잘게 찢기, 길게 찢기 등 다양한 찢기 경험을 하도록 한다.
- 연령이 어린 영유아를 위해서는 안전가위를 준비한다. 또한, 가위질을 처음 시도하는 영유아에게는 자르기 쉬운 재료, 예를 들어 밀가루반죽을 자르면서 가위 사용법을 익히게 하면 효과적이다. 밀가루반죽 자르기에 익숙해지면 종이를 제공한다. 처음에는 자유롭게 오리기를 한 후에 특정 형태 오리기를 하는 등 단계적으로 지도한다.
- 영유아 자신이 오린 조각이나 교사가 사전에 오려서 제공한 조각을 배열하여 붙이게 한다. 특히 영유아들은 배열하는 것보다는 풀로 붙이는 과정에 흥미를 보여서 결과를 생각하지 않고 조각을 마구 붙이는 일도 있음을 고려하여 지도한다. 처음부터 붙이기를 하기보다는 종이 위에 배열하기, 투명 지퍼백에 넣어보기 등 여러 가지 방법으로 배열해 보고 원하는 형태를 구성한 후에 붙이기를 하도록 지도한다.
- 종이 이외에 플라스틱 페트병, 상자, 깡통 등에 여러 가지 재료(예 수수깡, 빨대 조각, 빵 줄, 단추, 곡식, 나뭇잎)들을 붙이게 한다. 이때 붙이는 재료에 적합한 접착제를 준비해 준다.
- 오려 붙이기와 그리기 기법을 함께 활용하여 표현하도록 지도한다. 예를 들어 색종이 조각으로 붙이기를 한 다음 크레파스나 사인펜으로 그림을 그려 꾸미기를 한다.
- 작은 종잇조각과 풀 등으로 오리기, 붙이기 활동을 하면 교실 바닥이 지저분해지기 쉽다. 활동 중간이나 활동이 끝난 후 정리정돈을 하도록 지도한다.
- 오리고 붙이는 활동에 필요한 재료들을 각 가정이나 주변 환경에서 스스로

수집해 사용하도록 격려한다. 찢기, 오리기, 붙이기 자료는 가능하면 비용이 적게 드는 폐품이나 주변의 일상용품을 재활용하도록 지도한다.

(4) 입체구성 지도

- 입체구성 활동은 영유아가 다양한 자료를 사용하여 3차원적인 형태로 자신의 생각, 느낌을 표현하는 활동이다. 처음에는 풀이나 테이프로 쉽게 붙일 수 있는 종이 상자, 스티로폼 조각 등을 가지고 단순한 구성활동을 하는 것이 적절하다. 구성활동에 점차 익숙해지면 입체 재료 종류를 확장시키며 필요한 소품(리본, 셀로판지, 털실, 스티커, 구슬 등)과 접착제를 제공한다.
- 다양한 재활용품이나 일상용품을 여러 다른 방법으로 활용하도록 격려함으로써 창의력과 사고력을 확장시킬 수 있다.
- 만드는 과정 중에 대안적인 방법이나 문제해결 방법에 대해 영유아들과 이야기를 나누며 새로운 발견을 이끌어 내도록 한다. 어떻게 움직이게 할 수 있을지, 어떤 방법으로 붙여야 할지 생각해 볼 기회를 제공하며 필요한 경우에는 교사가 적절한 제안을 한다.
- 입체 구성물로 악기, 인형, 가면, 우주선, 집 등을 다양하게 만들어 악기합

주, 인형극놀이나 우주선 놀이, 가게놀이에 활용한다.

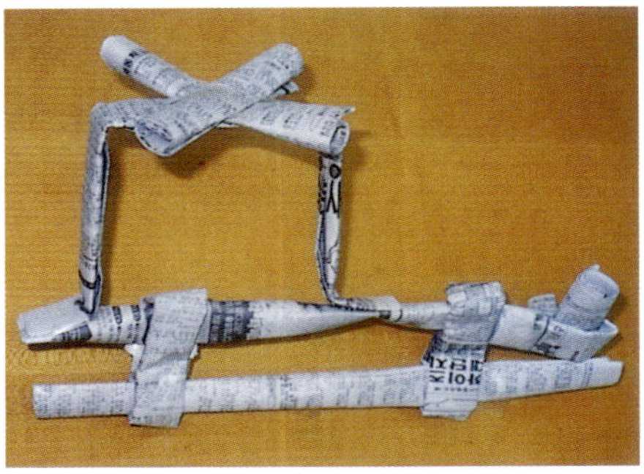

(5) 찰흙 지도

- 연령이 어린 영유아에게는 찰흙으로 특정 사물을 만들도록 지시하기보다 두드리고 굴리고 자르는 등 찰흙을 손으로 조작하고 그에 따른 찰흙의 형태 변화에 관심을 두게 한다.
- 찰흙으로 만드는 과정에 대해 이야기를 나누면서(예 어떻게 하면 길게 만들 수 있을까?) 스스로 해결방법을 찾도록 격려한다.
- 영유아의 흥미에 적극적으로 반응해 주고 때로는 찰흙을 새롭게 활용하는 방법을 소개한다(예 납작한 찰흙을 무릎에 붙여 그릇 만들기).
- 찰흙용 칼이나 포크, 이쑤시개와 같은 뾰족한 도구, 솔방울 등의 자연물로 여러 가지 무늬를 만들어 보거나 씨앗, 나뭇잎, 단추, 빨대를 붙여서 찰흙 조형물을 꾸며 보도록 한다.
- 찰흙이 굳어지지 않도록 사용한 후에는 물기 있는 헝겊으로 감싸고 뚜껑 있는 플라스틱 통에 넣어 보관한다.
- 영유아에게 앞치마를 입히고 책상 위에는 비닐 테이블보를 덮으며 바닥에도 비닐을 깔아서 청결을 유지한다.

(6) 직조와 바느질 지도

- 연령이 어린 영유아를 위해서 처음에는 직조의 원리를 이해할 수 있는 단순한 활동을 제공한다. 예를 들어 칼집을 낸 종이에 긴 색종이 조각을 끼워넣는 무늬짜기, 틈새 간격이 넓은 바구니나 석쇠 등을 직조 틀로 이용하여 리본 끈으로 직조하기 등을 제공한다.

- 일회용 접시나 색종이로 직조 틀을 만들 때는 날실(수직 실)이 6~8개를 넘지 않는 것이 좋다. 날실이 너무 많으면 작업 시간이 길어지므로 영유아들이 쉽게 싫증을 내거나 포기하게 된다.
- 영유아의 직조기술이 향상되면 긴 풀잎이나 나뭇가지 등의 자연물을 끼워 보게 할 수 있다. 이때 구슬이나 단추, 빨대 자른 것 등을 제공해줌으로써 변화 있게 직조해 보도록 한다.
- 바느질은 영아 발달수준에는 적합하지 않은 활동이다. 유아들도 처음에는 스티로폼 접시나 삼베와 같이 올이 성근 헝겊에 바느질을 시작한다. 스티로폼 접시에 바늘이 들어갈 만한 구멍을 미리 뚫어놓거나, 헝겊을 수틀에 끼워 놓으면 바느질하기에 편리하다.
- 교사가 돗바늘에 굵은 털실을 미리 끼워놓고 매듭을 지워 놓는다. 돗바늘은 바늘집에 잘 꽂아 보관하도록 한다. 또한, 돗바늘에 손이 찔리거나 다른 유아에게 상해를 입히지 않도록 안전관리를 철저히 한다.
- 남자 유아들이 바느질에 적극적으로 참여하도록 유도하고자 바느질의 소재(예 자동차, 동물), 용도(예 선물주머니 만들기) 등을 고려한다.

- 바느질한 조각이 많이 모이면 여러 조각을 연속적으로 이어 대형작품(예 퀼트)을 공동으로 만들어 볼 수도 있다.

(7) 시청각 기기를 활용한 미술 활동 지도

- 유아가 사용할 수 있는 작동이 간편한 카메라, 예를 들어 디지털 카메라, 폴라로이드 카메라를 준비해 주고 유아 스스로 작동법을 익혀 사용하도록 지도한다.
- 같은 장면도 사진을 찍는 위치, 거리, 각도에 따라 다른 사진이 나오는 것에 주목하도록 지도한다.
- 컴퓨터의 소프트웨어를 활용하여 그리기, 색칠하기 등을 시도하게 하며 부담감 없이 자유롭게 표현하도록 격려한다.
- 컴퓨터에 익숙해지면 글이나 그림 이외에 소리, 애니메이션 효과 등을 결합하여 작품을 만들도록 도와준다.

(8) 작품 전시와 보관

① 작품 전시

미술 활동의 가치를 인정해 주는 방법의 하나가 표현활동의 결과물인 작품을 전시하는 것이다. 전시는 영유아의 자기표현을 위한 시도를 긍정적으로 평가해 주고 성취감을 느끼게 할 뿐 아니라, 다른 친구들의 작품을 관찰하고 감상할 소중한 기회가 된다.

작품 전시에서 중요한 점은 모든 영유아들을 위한 전시가 되어야 한다는 것이다. 몇몇 잘된 작품만을 선택하여 전시하는 것은 바람직하지 않다. 영유아 대부분은 자신의 작품이 교실에 전시되기를 원하지만, 어떤 영유아들은 곧바로 집으로 가지고 가기를 원하는 일도 있는데, 이러한 요구 또한 존중해 주어야 한다.

작품을 전시할 때 고려해야 할 사항은 다음과 같다(김혜금, 2011; Eliason & Jenkins, 1994; Isenberg & Jalongo, 2001; Schirrmacher, 2006).

- 학급의 모든 영유아 작품을 골고루 전시해 준다.

- 작품에 이름을 쓰거나 이름표를 붙여서 전시한다.
- 작품을 전시할 때에는 영유아들이 작품을 감상할 수 있도록 그들의 눈높이에 맞추어 전시하며 정기적으로 작품을 교체해 준다.
- 벽, 게시판이나 전시대뿐 아니라 커다란 상자, 가리개, 이젤, 문, 창문, 선반, 천장, 자연물(예 실외에 있는 나무)을 활용할 수 있다.
- 작품의 특성을 살려 전시 효과를 극대화하는 방법을 모색해야 한다. 예를 들어 그림을 전시할 때 상자 뚜껑, 일회용 은박지 접시, 골판지 등으로 액자를 만들거나 그림에 화방지로 테두리를 둘러서 작품이 돋보이게 전시한다. 또는 상자나 병에 그림을 붙여 입체적인 전시 효과를 낼 수도 있다.
- 영유아의 작품을 개별적으로 전시할 수도 있고 개인 작품을 모아서 주제에 따라 공동 전시를 할 수도 있다.

- 학부모나 다른 학급의 영유아를 초청하여 미술 전시회를 개최한다. 평상시 작품을 보관했다가 전시할 뿐 아니라 작품 제작 과정을 보여주는 시연 코너를 마련할 수도 있다. 또한, 영유아들의 작품이나 활동 과정을 담은 슬라이드 쇼, 전문가 초빙 등 다양한 활동으로 미술 전시회를 계획한다.
- 미술 전시회를 개최할 때에는 교사와 영유아가 함께 의논하여 전시방법을 결정하도록 한다. 미술 전시회 준비를 위하여 포스터와 초청장을 제작하고 필요에 따라서는 팸플릿을 만들 수도 있다.

2 작품 보관

미술작품을 통해 영유아 개개인의 발달 상황을 분석하려면 교육기관에서 미술작품을 보관하고 정리해 놓아야 한다. 작품을 보관할 때 유의사항은 다음과 같다(Isenberg & Jalongo, 2001).

- 작품이 손상되지 않도록 조심해서 다룬다. 예를 들어 물감 그림이나 찰흙 작품은 완전히 마를 때까지 기다렸다가 보관하고 함부로 접거나 구김이 가지 않도록 주의한다.
- 모든 작품에는 영유아의 이름, 작품의 제목, 완성한 날짜를 기록한다.
- 그림이나 물감칠하기 등과 같은 평면작품은 개인별로 철하여 사물함에 보관하며 포트폴리오로 사용한다(pp. 94~96 참조)
- 입체 구성물과 같이 부피가 있는 작품은 사진을 찍어 보관하는 것이 좋다.
- 모든 작품을 계속 보관하기 어려우므로 작품이 작품이 어느 정도 모이면 정리하여 묶은 후 집으로 돌려보낸다.

5. 감상활동 지도

현대의 문화 다원주의적 시대를 살아가는 영유아들은 과거 어느 시기보다 주변의 사물이나 자연, 예술작품 등에서 아름다움을 발견하고 느끼며 표현하는 경험을 필요로 한다. 미적 대상을 감상하는 경험은 영유아에게 기쁨을 줄 뿐 아니라 개인의 정서와 삶을 더욱 풍요롭게 해 주기 때문에 영유아기에 감상교육이 이루어져야 한다. 본 절에서는 감상활동의 중요성과 지도방법을 살펴보고자 한다.

(1) 감상활동의 중요성

감상활동의 중요성을 구체적으로 살펴보면 다음과 같다(교육인적자원부, 2005; 김혜금, 2011).

- 아름다운 대상을 감상하는 경험을 통해 감정을 순화시키고 발전시켜 풍부한 감성을 키워나갈 수 있다.
- 미적 안목을 갖게 되고 미술을 생활 속에서 즐길 수 있는 능력을 기른다.
- 자신이나 또래의 작품뿐 아니라 다른 문화의 다양한 예술작품으로 관심영역을 넓혀 나가면서 다른 사람의 관점과 다양한 문화를 존중하고 이해하는 태도를 갖게 된다.
- 감상 과정을 통해 미적 요소나 주제, 재료, 표현기법 등에 대한 이해를 높이고 표현력과 창의력을 기를 수 있다.
- 우리나라 고유의 전통예술에 친숙해지고 즐길 수 있는 기본 소양을 기를 수 있다.

(2) 미술 감상 지도방법

미술 감상은 토의, 견학, 전시, 자원 인사 초청, 게임, 표상 등 다양한 방법으로 실시할 수 있다. 감상활동 지도방법을 구체적으로 소개하면 다음과 같다(교육인적자원부, 2005; 김정미, 2011; 김혜금, 2011; 이미자, 1998; 차영순, 1982).

1 토의

미술작품에 대하여 영유아가 보고 느낀 점을 자유롭게 말로 표현하는 대화 중심의 감상법이다. 작품의 특이하고 흥미로운 점, 작품에 나타난 미적 요소(선, 형태, 색, 명암, 질감, 구조) 그리고 느낌에 대하여 이야기를 나눈다. 영유아들과 토의하는 내용은 첫째, 작품을 자세히 살펴보고 느낀 것을 말로 표현한다. 둘째, 작품에 대한 전체적인 느낌을 이야기한 후에 작품의 특징을 분석한다. 예를 들어 대칭과 비대칭, 재료의 특성, 색과 선의 특징 및 종류에 대해 이야기한다. 셋째, 작품의 주제와 표현의도 등 작품이 표현하고자 하는 의미를 생각하여 이야기를 나눈다.

교사는 영유아가 편안한 마음으로 자유롭게 자신의 생각과 느낌을 표현할 수 있도록 수용적인 분위기를 조성해 주고 개방적인 질문을 하여 활발한 토의가 이루어지도록 격려한다.

구체적인 토의 내용은 다음과 같다(문세라, 2005; Isenberg & Jalongo, 2001).

- 그림을 자세히 보자. 무엇이 보이니?
- 어떤 느낌이니?
- 어떤 색이 보이니?
- 어떻게 만들었을까?
- 그림 속에 있는 사람은 모두 몇 명이니?
- 작가는 무엇을 표현하고 싶었을까?
- 이 작품의 독특한 점은 무엇일까?
- 이 작품을 다른 방법으로 표현할 수 있을까?

2 견학

미술 감상활동을 위하여 미술관이나 박물관, 전시회, 화가의 작업실 또는 문화 유적지를 견학한다. 즉, 지역 사회에 있는 미술관, 박물관, 어린이 박물관 등에서 다양한 전시물을 감상하는 경험을 통해 영유아의 미적 안목을 넓히고 공공장소에서의 올바른 감상 태도를 익힐 수 있다. 현장 견학이 둘러보기 식의 형식적인 방문이 되지 않도록 교사는 사전에 철저히 준비하여야 한다. 교사 자신이 작품에 대해 잘 알고 있어야 영유아들을 안내할 수 있으므로 전시에 대한 사전 정보와 지식을 인터넷이나 팸플릿 등을 참조하여 파악하도록 한다(장순미, 2008). 또한, 영유아가 작품을 감상할 때에는 능동적이고 다양한 방법으로 관찰하도록 격려한다. 예를 들어 작품을 아주 가까이 또는 멀리서 감상해 보며 조형물의 경우에는 위치(좌우 측면, 정면, 뒷면)를 바꾸어 가며 감상하게 한다. 특히 전시된 작품을 눈으로만 보게 하는 것보다 작품과 연관된 체험식의 감상 기회를 제공하는 것도 효과적이다. 예를 들어 뭉크의 작품 '절규'를 감상하는 경우, 굴곡 거울을 통해 작품 속 주인공과 같은 얼굴을 찾아보거나 '절규' 그림이 가득 붙여진 방에서 소리를 질러보는 체험 등 영유아의 발달적 요구에 적합한 다양한 감상 경험을 제공할 수 있다(이경희·최윤정, 2003).

상자를 이용한 전시

천장을 이용한 전시

③ 전시

명화 복사본이나 엽서, 또는 영유아 작품을 가지고 전시회를 개최함으로써 미술 감상의 기회를 제공할 수 있다. 전시회를 준비하는 모든 과정에 영유아들이 적극적으로 참여하도록 한다. 전시회를 하기 전에 미술관이나 박물관 견학 등 실제적인 현장학습의 기회를 마련해 주고 이런 경험을 토대로 전시계획을 세우도록 유도한다. 전시 장소로는 교실의 미술작업 영역이나 복도, 실외 공간이 적합하다. 유아들과 함께 작품 선정 및 배치, 포스터와 초대장, 작품 설명서, 방명록 제작 등 전시방법에 관해 이야기를 나누고 전시회를 준비한다. 전시회에 학부모나 다른 학급의 영유아를 초대하는 것도 유아의 자발적인 전시 준비를 유도할 수 있다.

④ 자원 인사 초청

미술과 관련된 일에 종사하는 자원 인사를 초빙하여 미술작품이나 작가에 대한 이야기를 나눈다. 이때 초빙된 미술작가의 작업시연 모습을 관찰하게 하거나 미술 재료나 도구를 탐색해 볼 수 있으며 영유아들의 미술 활동을 직접 지도할 수도 있다.

5 게임

영유아가 게임에 참여하면서 부담감 없이 자연스럽게 여러 작품에 관심을 두고 감상할 수 있으며 작품의 독특한 미적 요소를 인식하도록 지도할 수 있다. 예를 들어 유명한 미술작품의 엽서, 사진, 달력, 신문, 잡지, 전시회 화보 등을 이용하여 작가별 또는 특정 요소별로 분류하기, 그림 조각 맞추기, 숨은 그림 찾기 등의 게임활동을 실시한다.

6 표상활동

표상활동은 적극적인 감상방법으로 미술작품을 본 느낌이나 특징을 소재로 삼아 이야기를 꾸며 보거나 다양한 미술 활동으로 표현하는 것이다. 예를 들어 밀레의 '만종'에 새로운 제목을 붙이고 작품 속 주인공들이 어떤 생각을 하고 있을지 이야기해 보며, 그 장면 이후에는 어떤 일이 일어나게 될지 상상하여 그림 그리기를 해 본다. 또한, 민화 '까치호랑이' 모습을 다양한 미술 재료로 재구성해 보거나 칸딘스키의 작품(예 콤포지션 Ⅷ)에서 느껴지는 리듬을 모빌로 만들어 매달아서 표현할 수 있다. 이러한 표상활동을 통해 작가의 작품 제작 과정에 공감할 수 있으며 미술작품을 좀 더 친근하게 감상할 수 있게 된다.

제7장

영유아 미술교육 환경

본 장에서는 영유아 미술교육을 위한 영역구성과 각 영역에 필요한 기본 비품, 그리고 재료 및 도구에 대해 살펴보기로 한다.

1. 미술 영역구성

미술교육이 효과적으로 이루어지려면 환경이 어떻게 조성되어 있는가가 매우 중요하다. 유치원이나 어린이집의 미술교육을 위한 영역은 실내 교실과 실외놀이 공간에 조성될 수 있다.

(1) 실내 미술작업 영역

실내 미술작업 영역은 영유아들이 자유롭게 탐색하며 창의적으로 표현하고 감상하는 데 불편함이 없도록 구성되어야 한다. 실내 미술작업 영역을 조성할 때 고려해야 할 사항은 다음과 같다(이정욱·임수진, 2010; Eliason & Jenkins, 1994; Nielsen, 1999).

- 미술작업 영역은 정적인 공간에 배치하고 조명을 밝게 해 준다.
- 영유아들이 미술 활동을 편하게 할 수 있도록 물이 있는 곳에 가깝게 배치한다.
- 미술작업 영역에서 개별활동과 공동작업 등 다양한 활동이 이루어질 수 있도록 충분한 공간을 제공한다.

• 미술 재료와 비품은 영유아의 발달수준, 흥미를 고려하여 다양하게 제공한다. 또한, 손쉽게 꺼내어 사용할 수 있도록 영유아의 눈높이에 맞추어 용도에 따라 분류하여 진열하며 수량도 충분히 준비해 준다.
• 영유아들이 스스로 정리할 수 있도록 간편한 청소 도구를 비치한다. 또한, 청소하기 쉽도록 미술작업 영역의 바닥과 작업 책상 위에는 비닐을 깔아 놓는다.

• 작품을 말릴 수 있는 시설과 미완성 작품이나 완성된 작품을 보관하는 장소가 제공되어야 한다.
• 작품을 전시할 수 있는 공간이 확보되어야 한다. 미술작업 영역이나 복도에 게시판이나 전시대를 마련할 수 있다.

(2) 실외 미술작업 영역

실외는 공간이 넓어서 영유아가 자유롭게 활동할 수 있으며 자연환경을 이용한 미술 활동이 가능하기 때문에 실내 미술 활동보다 더 흥미로울 수 있다. 실외 공간에 미술작업 영역을 조성할 때 다음의 사항을 고려해야 한다(Frost, 1992; Isenberg & Jalongo, 2001).

• 영유아들의 통행이 적은 곳에 이젤을 세워 놓거나 벽걸이식 이젤을 설치한다.
• 때로는 바닥이 그리기와 칠하기 공간으로 활용되는 경우(예 분필 그림)가

있으므로 편편하고 단단한 바닥을 확보해 놓는다.

- 그늘진 곳에 찰흙 놀이, 손가락 그림, 입체 구성물 만들기, 그리기 등의 미술 활동을 할 수 있도록 작업용 책상을 비치한다.
- 기본적인 미술 재료와 비품은 실외 창고에 보관해 놓고 필요한 경우 꺼내어 사용하도록 한다.
- 다양한 재활용품이나 생활용품 등 입체 구성물 자료를 준비해 준다. 실내에서 다루기 어려운 목공 작업대와 목공 재료를 제공해 줄 수도 있다.
- 모래나 물이 미술 재료로 활용되므로 모래 놀이영역이나 물놀이 영역에서 미술 활동을 할 수도 있다.
- 정리정돈에 필요한 청소 도구를 실외 창고에 비치한다. 또한, 미술 활동이 끝나면 손을 밖에서 씻고 들어가도록 수돗가에 비누와 수건을 준비해 놓는다.

2. 기본 비품

영유아의 미술 활동을 위한 기본 비품으로 작업용 책상, 이젤, 정리장, 게시판과 전시대, 작품 건조대, 작업복, 작품 보관장, 그리고 청소 도구장 등이 준비되어야 한다. 기본 비품을 준비할 때 고려해야 할 점은 다음과 같다(양경희, 2008;

이정환, 2002; 정문자·지혜련·이숙재·김온기, 2003).

(1) 작업용 책상

미술 재료를 탐색하거나 그리기와 만들기 등의 표현활동을 하는 데 필요한 작업용 책상은 원, 반원, 직사각형의 일반 책상을 이용한다. 책상의 크기 및 개수는 영유아의 연령과 신체조건, 인원수, 교실 공간 등을 고려하여 결정한다. 작업에 참여할 영유아 수에 따라 2~3개의 일반 책상을 붙여서 사용할 수도 있다. 연령이 어린 영유아들은 바닥에 앉아서 작업하는 것이 안정적이므로 영유아의 발달수준에 따라 높이 27㎝ 정도의 낮은 책상을 준비해 준다.

작업용 책상은 영유아의 안전과 위생을 고려하여 모서리가 둥글게 처리되어야 하며 표면은 쉽게 닦을 수 있는 재질로 만들어진 것이 적절하다.

(2) 이젤

그림 그리기나 칠하기, 찍기 등의 미술 활동을 위해 이젤을 준비해 준다. 이젤은 견고하고 높이가 적절해야 하며 물감이나 붓 등의 미술 재료를 놓고 사용할 선반이 부착된 것이 좋다. 물로 씻기 쉽도록 이젤 위에 비닐을 씌우거나 벽지용 시트지를 붙여주도록 한다.

이젤을 설치하는 장소로는 영유아의 왕래가 적고 조용한 곳이 적절하며 물을 사용하기 쉽도록 수도 가까이에 배치한다. 일반적으로 세워 놓는 이젤이 많이 사용되나 이젤을 놓는 공간이 협소한 경우에는 벽에 부착시키는 이젤이 효과적이다. 이젤은 실내와 실외에 모두 비치할 수 있다.

(3) 정리장

정리장은 미술 재료와 도구를 쉽게 꺼내고 집어넣을 수 있도록 개방식 선반의 형태가 적합하다. 재료 정리장은 바퀴가 부착되어 이동할 수 있어야 하며 이동 후 정리장이 밀리지 않도록 바퀴 잠금장치가 되어 있어야 한다. 정리장의 높이는 영유아의 앉은 눈높이에 맞추어서 제작하며(65~93㎝) 다양한 크기의 재료를 보관할 수 있도록 선반의 높이를 조정할 수 있는 형태가 좋다(교육부, 1994).

기본적인 미술 재료와 도구 이외의 다양한 재활용품들은 내용물이 보이는 수납장에 종류별로 분류해 놓거나 커다란 상자를 이용하여 정리해 놓는다. 미완성 작품을 보관하거나 쓰고 남은 종이를 모아 놓는 수납공간도 별도로 마련한다.

영유아가 쉽게 재료를 찾고 정리하는 데 도움이 되도록 미술 재료의 자리를 반드시 표시한다. 어린 영유아들을 위해서는 코팅한 그림이나 사진을 붙이는 것이 좋으며 5세 학급에서는 그림이나 사진 밑에 재료의 이름을 써넣는 것도 가능하다. 재료 표시는 영유아들이 잘 볼 수 있도록 재료가 놓인 선반의 앞쪽이나 수납장 바깥쪽에 붙인다.

실외에도 수납공간을 마련해서 기본적인 미술 재료를 제공하는 것이 바람직하다. 일반적으로 실외 놀잇감을 보관하는 창고 안에 미술 재료 정리장을 설치하거나 불가능한 경우에는 필요할 때마다 실내에서 준비해서 나간다.

(4) 게시판과 전시대

영유아의 작품뿐 아니라 다양한 작가들의 미술작품과 작품사진(예 유명 화가의 작품, 건축물, 조형물)을 전시해 놓을 게시판과 전시대가 필요하다. 각 교육기관의 재정상태나 공간 형편에 따라 벽에 부착하는 기본 게시판 이외에 교구장이나 책꽂이 뒷면, 칸막이, 이젤 등이 활용될 수 있으며 대형 포장상자(예 냉장고 포장상자)의 4면을 게시판(kiosk)으로 이용할 수도 있다.

한편, 게시판이나 전시대를 활용하는 방법 이외에 작품의 주제나 형태에 따라 다양하게 전시를 할 수 있다. 예를 들어 종이나 헝겊 등의 가벼운 소재로 만든 입체물(예 물고기, 새, 꽃)은 모빌 형태로 전시하는 것이 효과적이며 공동작품은 천장이나 벽에 전시할 수도 있다.

모빌 형태의 전시

이젤을 이용한 전시

실외 공간 또한 미술작품 전시장으로 활용 가능하다. 울타리나 건물 외벽, 또는 커다란 나뭇가지 등이 게시판의 역할을 할 수 있다. 바람에 게시물이 떨어지지 않도록 주의하며 조형물은 잘 고정시켜서 쓰러지지 않게 한다.

(5) 작품 건조대

영유아의 통행이 잦지 않은 곳에 작품을 건조할 수 있는 공간을 확보해 놓는다. 작품 건조대는 벽이나 자료 정리장 뒷면, 또는 게시판에 빨랫줄이나 그물을 걸어 만들거나 빨래 건조대를 활용할 수 있다.

(6) 작업복

물감이나 찰흙 또는 접착제를 사용하는 미술 활동은 영유아의 옷을 더럽히고 훼손시킬 수 있다. 재료 정리장 뒷면이나 옆면에 옷걸이 고리를 부착하여 작업복이나 앞치마를 걸어 놓고 영유아가 미술 활동을 시작하기 전에 입도록 한다. 간단한 미술 활동을 위해서는 팔 토시를 사용해도 된다.

(7) 청소 도구장

미술 활동 후 영유아가 스스로 정리하게 빗자루, 쓰레받기, 스펀지, 걸레 등을 청소 도구함에 준비해 둔다. 쓰레기통은 일반 쓰레기와 재활용되는 쓰레기를 분리하여 버릴 수 있도록 구분하여 준비한다.

3. 기본 재료와 도구

미술 활동을 위한 기본 재료와 도구는 영유아가 자유롭게 선택할 수 있도록 풍부하고 다양하게 준비해 놓는다. 기본적인 재료 이외에 주변에서 볼 수 있는 일상생활용품(예 단추, 병뚜껑, 빨대)과 돌멩이, 조개껍데기, 잎사귀, 꽃잎, 나뭇가지 등의 자연물은 창의적인 미술 활동을 촉진하는 데 좋은 매체가 될 수 있다 (Szyba, 1999).

미술 재료는 영유아의 발달수준에 적합하고 흥미로워야 하며 위생적이고 안전해야 한다. 또한, 재료의 구입이 경제적이어야 하며 다양하게 제공되어야 한다. Isenberg와 Jalongo(2001)는 미술 재료를 준비해 줄 때 고려해야 할 점으로 다음 사항을 제안하였다.

- 영유아의 발달수준, 요구에 적합해야 한다. 교사의 지속적인 도움이나 간섭, 지시를 받지 않고 자발적인 미술 활동이 이루어질 수 있도록 영유아의 발달수준, 요구에 적합한 재료를 제공한다.
- 안전하고 위생적이며 품질이 좋은 재료를 제공한다. 값이 저렴하다는 이유로 질이 좋지 않은 미술 재료를 제공하는 경우, 영유아가 미술 활동 자체에 흥미를 잃게 될 수 있을 뿐 아니라 그들의 건강과 안전을 위협할 수도 있다.
- 영유아의 경험을 확장시켜 주는 다양한 미술 재료를 제공한다. 다양한 미술

재료를 통해 선, 색, 형태, 공간, 질감, 강도, 리듬, 균형, 대칭, 비율 등의 디자인 요소를 경험해 보도록 한다.

- 재료의 경제성을 고려하여 제공한다. 미술 재료를 부담 없이 풍부하게 제공하고자 재활용품을 활용하거나 학부모들에게 재료 준비를 위한 협조를 구한다.
- 한 번에 많은 재료를 제공하는 것보다 처음에는 기본적인 재료를 제공하다가 점차 새로운 재료를 추가하는 것이 효과적이다

영유아의 모든 미술 활동에 기본적으로 사용할 수 있는 재료를 살펴보면 다음과 같다(김혜금, 2011; 정문자·지혜련·이숙재·김온기, 2003; Essa, 1996; Kolbe, 1991; Nielsen, 1999; Wright, 1991).

(1) 종이류

미술 활동 재료 중 가장 기본적인 재료가 종이다. 미술 활동을 위해서 다양한 종류의 종이, 예를 들어 도화지, 색종이, 화방지, 마분지, 한지, 신문지, 벽지, 잡지와 각종 팸플릿, 포장지, 종이 봉투, 카드, 종이 접시, 화장지, 모래 종이, 투사지, 컴퓨터 용지, 셀로판지, 코팅지 등을 제공할 수 있다.

또한, 영유아의 흥미를 자극하고 창의적인 미술 활동을 유도하려면 종이의 형태를 다양하게 준비해 준다. 일반적으로 사용하는 사각형의 종이 모양 이외에 원, 세모, 별 모양, 꽃 모양, 자동차 모양 등 여러 형태의 종이를 제공하는 것이 효과적이다. 때로는 종이에 구멍을 뚫어서 제공하거나 간단한 기하학적 도형이 그려진 종이를 주어서 이것을 활용하여 창의적인 표현을 해 보게 하는 것도 좋다.

미술 활동의 유형에 따라 사용할 수 있는 종이의 종류는 다양하다.

- 그림 그리기용 종이 : 도화지, 화방지, 마분지, 창호지, 신문지, 벽지, 종이 봉투, 종이 접시, 투사지, 셀로판지, 컴퓨터 용지, 모래 종이, 코팅지, 광고지
- 물감 칠하기용 종이 : 도화지, 화방지, 창호지, 벽지, 종이 봉투, 컴퓨터 용지
- 찍기용 종이 : 도화지, 색종이, 화방지, 창호지, 신문지, 벽지, 종이 봉투, 종이 접시, 컴퓨터 용지

- 오리기용 종이 : 색종이, 창호지, 신문지, 벽지, 잡지, 팸플릿, 카드, 포장지, 컴퓨터 용지
- 접기 및 입체 구성용 종이 : 색종이, 도화지, 화방지, 신문지, 포장지, 광고지, 종이 봉투

(2) 그리기 재료

1 크레파스

크레파스는 우선 안전하여야 한다. 어린 영유아들은 크레파스를 입으로 탐색할 수가 있기 때문에 무독성이어야 하며 손에 잘 묻어나지 않는 것을 산다. 또한, 잘 부러지거나 색깔이 흐린 크레파스는 영유아들이 그림을 그리면서 좌절감을 느낄 수 있으므로 선택할 때 주의한다. 처음에는 기본색 5~6가지를 제공하고 점차 색상의 수를 단계적으로 늘려 주도록 한다. 크레파스는 사용하기 편리하도록 색깔별로 작은 바구니나 우유갑 등의 용기에 나누어 담아 제공한다.

2 색연필

색연필은 부드러우면서도 크레파스보다 선이 가늘게 표시되기 때문에 영유아들이 선호한다. 그러나 사용할 때 손의 조절능력과 협응력 등의 정교함이 요구되므로 어린 영유아들이 사용하기에는 어려움이 있다. 주로 샤프 형태의 색연필을 많이 사용하는데, 색연필을 너무 길게 빼서 사용하거나 세게 눌러서 사용하지 않도록 지도한다. 색연필은 연필통이나 입구가 안전하게 마무리된 빈 깡통에 넣어 제공한다.

3 사인펜과 매직펜

사인펜과 매직펜은 거의 모든 자료의 표면(예 옷감, 플라스틱, 나무)에 그림을 그릴 수 있으며 색이 선명하여 영유아들이 좋아한다. 그러나 빨리 증발되는 단점이 있으므로 사용 후에는 뚜껑을 꼭 닫게 하고 뚜껑이 분실되지 않도록 한다.

어린 영유아들에게는 물로 쉽게 지울 수 있는 수성펜을 제공해 주고 펜의 사용에 익숙해진 영유아들에게는 유성펜을 준비해 줄 수 있다.

④ 색분필과 파스텔

가볍고 부드럽게 그려지는 색분필은 칠판, 종이, 콘크리트 바닥 등 다양한 표면에 그림을 그릴 수 있는 재료이다. 색분필은 마른 상태에서 그대로 사용하면 가루가 떨어지므로 이를 방지하기 위해 물이나 설탕물에 적셔서 사용할 수 있다.

5세 유아들은 파스텔을 사용할 수 있다. 파스텔은 쉽게 부스러지기 때문에 다루기 어려우나 유아들은 손가락으로 문지르는 감각 경험을 즐기기도 한다.

(3) 물감칠하기 재료

① 물감

물감의 종류로 포스터컬러 물감과 수채화 물감, 아크릴 물감, 마블링 물감, 먹물 등을 제공한다. 물감의 색상은 빨강, 노랑, 파랑, 검정, 흰색 등의 기본색을 먼저 준비해 주어 충분히 탐색하게 한 후에 점차 색을 늘려 제공한다. 물감은 입구가 넓고 안정감 있는 형태의 투명 플라스틱 용기에 담아 제공한다.

② 붓

붓을 처음 사용하는 영유아들에게는 큰 붓(12~18호)이 좋으나 익숙해지면 가는 붓, 짧은 붓, 납작한 붓 등 다양한 종류를 제공한다. 붓으로 여러 물감을 사용하지 않도록 손잡이에 색깔 표시를 붙여준다. 붓은 매일 깨끗이 씻어 물기를 털은 후 붓의 털이 위로 향하게 꽂아 보관한다. 때로는 붓의 대용품으로 스펀지, 면봉, 깃털, 칫솔, 빗, 헝겊, 나무젓가락 등을 준비해 주어 다양한 칠하기 경험을 하게 한다.

③ 핑거 페인트(손가락 그림물감)

손가락 그림물감은 어린 영유아들에게 다양한 감각 경험을 제공해 주는 미술재료이다. 손가락 그림물감은 사서 사용하거나 밀가루로 풀을 만든 다음 식용색소나 포스터컬러 물감을 넣어 만들 수도 있다. 커다란 비닐이나 달력 종이를 깔고 그 위에 적당량의 손가락 그림물감을 덜어 놓은 후 손가락으로 다양한 무늬를 만들게 한다.

(4) 찍기 재료

① 찍기 도구

상품화된 플라스틱 모형 틀, 제과용 틀, 다양한 뚜껑(예 병뚜껑, 사인펜 뚜껑), 플라스틱 블록, 스펀지, 실패, 열쇠, 칫솔, 헤어롤(hair rollers), 고무도장, 페인트 롤러, 헌 테니스공, 나무 열매(예 솔방울), 나뭇잎, 과일, 채소 등 다양한 재료를 찍기 도구로 활용할 수 있다.

② 물감 접시

찍기 활동을 위하여 물감 접시를 준비해 준다. 납작한 접시에 패드(예 부직포)를 깔고 물감을 풀어놓는다.

(5) 찰흙·밀가루반죽 재료

① 찰흙

찰흙은 직접 손으로 조작하면서 원하는 여러 가지 모양을 만들 수 있는 유연한 물질로 입체 구성물 만들기에 유용한 재료이다. 찰흙은 자연 찰흙, 놀이용 찰흙(play dough), 종이 찰흙(조형 지점토) 등이 있으며 상품화된 제품을 살 수 있다. 찰흙을 보관할 때에는 수분이 증발하여 굳지 않도록 단단하게 뭉쳐서 뚜껑이 잘 닫히는 플라스틱 용기에 담아 둔다.

② 밀가루반죽

밀가루반죽은 교사가 밀가루를 가지고 만들 수 있으며 촉감이 부드럽고 다양한 색상으로 준비해 줄 수 있어서 어린 영유아들에게 적합하다. 교사가 미리 준비해 놓을 수도 있으나 영유아와 함께 만드는 과정을 경험하는 것도 좋다. 밀가루반죽은 상하기 쉬우므로 비닐봉지나 그릇에 넣어 밀폐시킨 후 냉장 보관한다.

③ 찰흙용 도구

찰흙 판, 가위, 밀대, 플라스틱 칼, 찍기 틀 등의 찰흙 도구와 그 밖의 여러 가지 자료(빨대, 이쑤시개, 단추, 병뚜껑, 머리빗, 조약돌, 아이스크림 막대기, 모루 등)를 함께 제공하도록 한다. 책상이나 바닥에 깔 비닐과 작업복도 준비한다.

(6) 콜라주 재료

① 콜라주용 재료

콜라주는 작은 재료를 창의적으로 붙여서 꾸미는 미술 활동이다. 콜라주용 재료로 종잇조각, 나뭇잎이나 씨앗, 곡식과 같은 자연물, 털실이나 헝겊 조각, 은박지, 솜, 단추, 빨대, 고무줄 등의 일상용품을 준비해 줄 수 있다. 영유아들이 편리하게 사용할 수 있도록 종류별로 분류하여 투명한 용기(예 페트병 자른 통)에 담아 놓는다.

② 가위

종이나 털실 등의 콜라주 재료를 자르려면 가위가 필요하다. 가위는 끝이 날카롭지 않으며 가볍고 안전한 것이 좋다. 또한, 맞물림이 잘 되어 있어서 쉽게 자를 수 있는 것으로 준비하며 가위꽂이나 깡통에 꽂아서 제공한다.

③ 펀치

종이에 구멍을 뚫을 때 사용하는 도구로 여러 가지 모양(예 꽃, 동물)을 오려 내고자 모양 펀치를 사용하기도 한다. 펀치는 사용하기 편리하도록 크기가 작은 것이 좋으며, 위아래의 날이 잘 맞물려 구멍이나 모양이 잘 뚫리는지 확인하도록 한다.

④ 접착제

여러 가지 재료를 붙이기 위해 풀, 접착제, 투명 테이프 등이 사용되는 데 붙이는 재료에 따라 적절한 접착제가 제공되어야 한다. 가벼운 종이류의 접착제로는 풀이 적절하며 하드 보드지나 곡식은 공업용 접착제로 잘 붙는다. 수수깡과 스티로폼을 붙일 때는 플라스틱용 접착제를 사용해야 재료가 녹지 않는다. 접착제를 사용할 때는 적정량의 접착제를 덜어서 사용하도록 접시와 아이스크림 막대, 면봉을 준비해 주고 안전하게 사용하도록 지도한다.

투명 테이프는 종이류나 플라스틱류에 잘 붙어 영유아들이 손쉽게 사용할 수 있다. 테이프에 커터 날이 부착된 경우 테이프를 자르면서 손을 다칠 우려가 있으므로 주의시킨다.

5 종이찍개

종이찍개(스테이플러)는 종이류나 헝겊류를 붙일 때 사용되는데, 종이찍개를 누르면서 힘을 가하는 손동작과 주의력이 요구되므로 연령이 어린 영유아들이 사용하기에는 적합하지 않다. 또한, 손을 다칠 염려가 있으므로 주의시킨다.

(7) 직조 재료

1 직조 틀

직조하기에 편리한 도구를 이용하거나 직조 틀을 직접 만들어 사용할 수 있다. 다양한 직조 틀의 종류는 다음과 같다.

- 나무판 직조 틀 : 나무 액자에 1.5㎝ 간격으로 못을 박은 후, 두꺼운 털실이나 끈을 못에 걸어서 직조한다.
- 스티로폼 접시 직조 틀 : 두꺼운 마분지나 스티로폼 접시에 홈을 내어 직조 틀을 만든다.
- 깡통 직조 틀 : 깡통 가장자리에 1.5㎝ 간격으로 구멍을 뚫어 직조할 수 있도록 끈을 끼워 놓는다.
- 나뭇가지 직조 틀 : Y 형태의 나뭇가지에 홈을 파서 끈을 걸 수 있게 한다.
- 기타 : 철조망 울타리나 석쇠, 올이 성근 바구니, 배드민턴 라켓 등을 직조 틀로 이용할 수 있다.

나무판 직조 틀

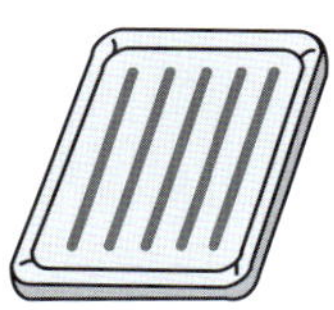
스티로폼 접시 직조 틀

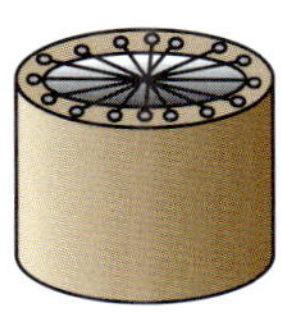
깡통 직조 틀

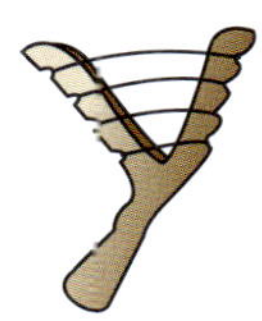
나뭇가지 직조 틀

② 직조용 끈이나 리본

영유아가 쉽게 끼울 수 있는 자료를 준비하는 것이 좋다. 빳빳한 비닐이나 가죽, 리본 끈, 또는 종이 끈을 준비한다. 끈의 양끝을 테이프를 빳빳하게 붙여서 끼우기 쉽게 한다. 직조에 익숙해지면 모루, 털실, 깃털, 마른 풀, 갈대 등을 장식용 재료로 제공한다.

(8) 바느질 재료

① 헝겊

처음에는 헝겊에 바느질하기가 어려우므로 스티로폼 접시나 부직포에 바늘구멍을 내어 준다. 바느질의 기본 기술을 익히면 그다음에 올이 성근 망사나 그물, 레이스, 삼베 등을 준비해 주고 나중에 헝겊을 제공한다.

② 바늘과 실

바늘은 유아의 안전을 위해 돗바늘로 준비한다. 교사가 미리 돗바늘에 털실이나 면실을 끼워 매듭지어 놓으면 편리하다. 특히 바늘을 잃어버리지 않도록 사용한 후에는 바늘꽂이에 꽂아 두는 등 안전 지도에 유의한다.

③ 기타

바느질할 때 함께 끼워 볼 수 있는 단추, 구슬, 빨대 자른 것 등을 제공해 준다.

(9) 감상 재료

유명한 미술작품으로부터 일상생활에서 흔히 볼 수 있는 사물들까지 미적 요소를 탐색할 수 있는 모든 것들이 감상 자료에 포함된다. 동서양의 그림작품, 조각품, 건축물, 공예품, 판화, 서예작품뿐 아니라 세계 여러 나라의 그림책, 책 표지, 그래픽 디자인, 포스터, 애니메이션, 사진작품, 의상 등을 감상할 수 있다. 또한, 산업 디자인 작품(예 자동차, 전자 제품, 가구, 그릇)과 주변 환경(예 나무, 꽃, 도로, 가로등, 풍경)에서도 감상 재료를 찾을 수 있다.

작품이나 실물을 감상하는 것이 가장 좋으나 각종 미술관 팸플릿이나 화보, 엽서, 카탈로그, 사진, 관련 서적 등을 통해 감상할 수 있다. 인터넷으로도 감상활동이 가능하며 필요한 경우 출력하여 사용한다.

(10) 시청각 기기

다양한 시청각 기기, 예를 들어 카메라, OHP, 슬라이드, 컴퓨터, TV 등이 탐색, 표현, 감상 등의 미술 활동에 활용된다.

(11) 재활용품

미술 재료로 활용되는 재활용품의 종류는 다양하다. 주변에서 쉽게 구할 수 있는 재활용품은 생활용품, 헝겊 조각, 건축 자료, 자연물 등으로 분류할 수 있으며 찍기, 콜라주, 구성하기 등의 미술 활동에 사용된다.

- 생활용품 : 우유갑, 요구르트 용기, 플라스틱 페트병, 각종 상자, 종이컵, 일회용 숟가락, 아이스크림 막대, 나무젓가락, 이쑤시개, 빨대, 빵 줄, 각종 스티로폼 용기, 은박지 접시, 각종 봉투, 휴지 속대, 달걀판, 단추, 구슬, 실패, 필름 통, 광고지, 신문지
- 헝겊 조각 : 면, 펠트 천, 아세테이트지, 벨벳, 비닐, 가죽, 털실, 레이스
- 건축 자료 : 나뭇조각, 타일 조각, 벽지, 비닐 장판 조각, 철사, 못, 나사, 볼트와 너트, 톱밥, 대팻밥, 모래 종이
- 자연물 : 여러 종류의 씨앗, 나뭇잎, 꽃잎, 갈대, 도토리, 솔방울, 조개껍데기, 돌멩이, 조약돌, 곡식류

이상에서 살펴본 미술 재료와 도구를 영유아의 연령별로 제시하면 다음 표와 같다(Church, et al., 1991).

표 10 영유아용 미술 재료와 도구

활동 유형	영유아의 연령에 적합한 미술 재료와 도구
그림 그리기	• 1·2세 : 크레파스, 큰 종이 • 3세 : 크레파스, 색분필, 도화지, 모래 종이, 벽지 본보기, 하드보드지 • 4세 : 수성 매직펜, 색연필, 다양한 형태(예 세모, 네모)의 종이 • 5세 : 유성 사인펜, 유성 매직펜, 목탄, 볼펜, 파스텔, 나무판, 아세테이트지
물감칠하기	• 1·2세 : 손가락 그림물감, 면도용 크림, 달력 종이 • 3세 : 포스터컬러 물감, 굵은 붓, 스펀지, 이젤, 마분지, 상자, 종이 봉투, 골판지 • 4·5세 : 유성 물감, 아크릴 물감, 마블링 물감, 먹물, 페인트 롤러, 빗, 솔잎, 분무기, 다양한 붓, 나뭇조각, 화선지, 은박지, 종이 접시, 아크릴판, 기름종이
찍기	• 1·2세 : 물감 접시, 립스틱(입술 찍기용), 미니 자동차, 큰 종이 • 3세 : 물감 접시, 제과용 모양 틀, 다양한 병뚜껑, 고무로 제작된 찍기 틀, 스펀지, 실패, 채소, 과일, 마분지, 신문지 • 4·5세 : 골판지, 열쇠, 고무도장, 지우개, 퍼즐 조각, 플라스틱 바구니, 헤어롤, 종이 봉투, 벽지, 포장지
찰흙	• 2세 : 밀가루반죽 • 3세 : 밀가루반죽, 찰흙, 밀대, 찰흙 판, 찍기 도구 • 4·5세 : 찰흙, 종이 찰흙, 플라스틱 칼, 나무젓가락, 이쑤시개, 가는 철사, 한지
콜라주	• 1.2세 : 붙이기 적절한 음식물(예 국수, 팝콘, 꿀), 모양 종이 • 3세 : 밀가루 풀, 마분지, 골판지, 셀로판지, 휴지, 털실, 실, 리본, 비닐, 헝겊(면, 울, 삼베, 벨벳 등), 레이스, 인조 털, 가위 • 4·5세 : 접착제, 투명 테이프, 단추, 자연물(씨앗, 솔방울, 조개, 모래, 나무껍질, 나뭇잎, 대팻밥, 톱밥 등), 병뚜껑, 코르크, 색 솜, 이쑤시개, 빨대, 종이 냅킨, 구슬, 펀치, 종이찍개
직조	• 4세 : 바구니, 석쇠, 리본 끈, 비닐 끈 • 5세 : 원형 직조 틀, 모루, 깃털, 갈대
바느질	• 4세 : 스티로폼 접시, 부직포, 리본 끈 • 5세 : 그물, 망사, 레이스, 삼베, 부직포, 돗바늘, 실, 단추, 구슬, 빨대 자른 것
감상 자료	• 4세 : 그림작품, 조각품, 공예품, 그림책, 나무, 꽃, 풍경 • 4·5세 : 건축물, 판화, 서예, 사진작품, 타이포그래피, 그래픽 디자인, 자동차
시청각 기기	• 4·5세 : OHP, 슬라이드, 카메라, 컴퓨터
재활용품	• 3세 : 우유갑, 요구르트 용기, 각종 상자, 종이컵, 아이스크림 막대, 빨대, 휴지 속대, 필름 통, 신문지, 나뭇잎, 도토리, 조개껍데기, 스티로폼 접시, • 4·5세 : 플라스틱 페트병, 단추, 구슬, 실패, 펠트 천, 비닐, 레이스, 나뭇조각, 타일 조각, 못, 나사, 대팻밥, 씨앗, 곡식

제8장

영유아 미술교육 평가

영유아 미술의 교육적 성과를 극대화하려면 미술교육 전반에 대한 평가가 필요하다. 영유아 미술교육의 평가를 통해 미술 활동이 영유아 발달수준에 적절한지, 교육 목표가 달성되었는지, 계획대로 미술교육이 이루어졌는지를 확인할 수 있을 뿐 아니라 평가결과를 새로운 미술 활동계획의 기초 자료로 활용할 수 있다.

미술교육 평가는 주기적으로 시행되는 계속적인 과정으로 영유아의 미술 발달에 대한 평가와 미술교육에 대한 평가가 함께 이루어져야 한다(이정욱·임수진, 2010; 정문자·지혜련·이숙재·김온기, 2003)

1. 영유아의 미술 발달 평가

영유아의 미술 발달에 대한 평가는 영유아 개개인의 미술 발달수준과 성향을 이해하고 이를 미술교육에 반영하기 위해 필요하다. 영유아에 대해 평가를 하려면 먼저 미술 활동을 수행하는 과정을 자세히 관찰하여 기록하며, 이를 토대로 포트폴리오를 작성하여야 한다.

(1) 관찰과 기록

영유아의 미술 발달을 평가하려면 기본적으로 그들이 수행하는 미술 활동 과정을 지속적으로 관찰하고 기록해야 한다. 특별히 영유아는 미술 활동에 참여하면서 자신의 모든 것을 표현하므로 관찰을 통해 영유아에 대한 풍부한 정보를 수집할 수 있다. 즉, 선호하는 미술 활동 종류, 재료의 사용기술, 집중도, 또래나 교사와의 상호작용 등 다양한 내용을 파악할 수 있다. 효과적으로 관찰하려면 언제든지 관찰하고 기록할 수 있도록 필기 도구, 종이, 카메라 등을 기본적으로 준비한다. 평상시에는 특정한 형식 없이 언제, 어디서나 자유롭게 서술할 수 있는 일화 형식으로 기록하고, 서술된 기록 내용이 모이면 종합하여 행동 목록을 만들어 행동의 출현 여부를 체크하거나 행동의 질적 특성을 등급으로 구분해서 평가하는 평정척도 형식으로 기록할 수 있다.

영유아의 미술 발달을 평가하기 위한 관찰 내용의 구체적인 예를 살펴보면 다음과 같다.

- 어떤 미술 활동을 선호하는가?
- 다양한 매체를 활용하여 창의적으로 표현하는가?
- 미술 활동에 즐겁게 자신감을 느끼고 참여하는가?
- 미술작품을 끝까지 마무리하여 완성하는가?
- 미술 활동의 결과에 스스로 만족하는가?
- 소근육을 잘 조절하는가?

(2) 포트폴리오

영유아의 미술 발달을 평가하려면 포트폴리오(portfolio)를 활용할 수 있다. 포트폴리오는 영유아의 발달과 학습에 대한 기록물을 체계적으로 종합하여 모아 놓은 것이다. 영유아의 미술작품, 활동 과정에 대한 사진이나 비디오 촬영 자료, 관찰 내용, 영유아나 학부모와의 면담 내용 등을 정기적으로 수집하여 포트폴리오로 정리하면 영유아의 미술 매체를 다루는 능력, 흥미나 아이디어의 변화, 개념의 발달 등 시간과 경험의 축적에 따른 미술 발달 과정을 알 수 있게 된다. 또한, 포트폴리오를 통해 영유아로 하여금 자신의 미술 활동이 가치 있다고 생각하게 하며 자기평가를 하도록 도와줄 수 있다(Nathan, 1995).

영유아의 미술 발달 평가를 위한 포트폴리오를 조직하는 기본지침을 소개하면 다음과 같다(이정환·박은혜, 1996; Koster, 2001; Schirrmacher, 2006).

1 포트폴리오 구성에 대해 계획한다

포트폴리오를 만들려면 다양한 종류의 발달 자료를 수집해야 하므로 사전에 포트폴리오를 어떻게 구성할 것인지 항목을 계획해야 한다. 포트폴리오에 포함되는 항목은 다음과 같다.

포트폴리오의 항목

- **미술작품**
  - 평면작품
  - 입체작품
- **교사 관찰**
  - 소요 시간, 활동 종류
  - 일화 기록
- **미술 활동 과정**
  - 도입–전개–마무리
  - 상호작용(재료, 교사, 영유아)
- **영유아 면담**
  - 좋아하는 미술 활동
  - 좋아하는 미술작품
  - 좋아하는 미술 자료
- **부모 면담**
  - 가정에서의 미술 활동
- **영유아의 언어적 반응**
  - 자신의 작품 및 과정 설명
  - 자기평가

2 자료를 수집한다

정기적으로 작품을 수집한다. 각 교실 상황에 맞게 자료를 수집할 수 있는 공간을 확보해 놓고 개인별 상자나 파일을 준비한다. 수집된 자료들은 항목별로 나누어서 날짜 순서대로 정리한다. 자료를 수집할 때 유의사항은 다음과 같다.

- 영유아가 제작한 미술작품을 정기적으로 수집한다. 입체작품이나 공동작품 등 보관이 어려운 작품은 사진을 찍어 놓는다. 모든 작품에는 날짜를 기록하며 작품 제작 배경을 간단하게 적어 놓는다.
- 교사는 미술 활동 과정 중에 나타나는 영유아의 행동을 지속적으로 관찰하여 미술 활동의 종류, 참여도, 재료 사용 특징, 또래 간 상호작용 등을 파악하여 기록한다.
- 미술 활동 진행과정을 비디오로 촬영할 수 있다.
- 영유아의 언어적 반응(예 작품과 과정 설명, 자기평가)은 녹음하였다가 전사해 놓는다.
- 영유아와의 면담을 통해 선호하는 미술 활동, 작품, 재료 등을 조사한다.
- 부모와의 면담은 특정 시간을 정하여 실시한다. 부모가 교사에게 제공하는 영유아의 미술 활동에 대한 정보나 의견을 기록한다.

③ 수집된 자료를 미리 정해 놓은 항목에 따라 구성한다

자료가 수집되면 영유아의 의견을 반영하여 포트폴리오에 보관하고 싶은 작품을 선택하게 한다. 이처럼 포트폴리오에 포함할 작품이나 내용을 영유아와 의논하여 결정함으로써 영유아가 주인의식과 애정을 가지고 포트폴리오 구성에 참여할 수 있게 된다. 포트폴리오에는 영유아에 대한 전체적인 정보가 포함되어야 한다. 항목별로 부족한 자료는 없는지 살펴보고 지속적으로 정보를 보완하고 편집하는 과정을 통해 완성도 높은 포트폴리오로 발전시켜 나간다. 최근에는 교사의 업무 과중, 수집된 자료를 보관하고 정리하는 번거로움 등의 현실적인 문제를 해결하는 방안으로 전자 포트폴리오가 추천되고 있다. 즉, 기존의 포트폴리오 형식 대신에 스캐너, 카메라 등의 장치를 사용하여 컴퓨터에 자료를 저장하여 포트폴리오를 만드는 방법이 제안된다(김혜진, 2009).

④ 종합적으로 평가한다

포트폴리오의 목적은 영유아들의 작품을 서로 비교하는 것이 아니라 개인의 성장과 발달 그리고 시간 경과에 따른 변화를 평가하는 것이다. 따라서 매학기 말(1년에 2회)에 포트폴리오 자료들을 종합적으로 평가해야 한다. 종합 평가는 영유아의 미술 발달에 대한 전반적인 내용을 평가하며 이를 통해 미술 발달 상황을 파악할 수 있을 뿐 아니라 미술교육의 목표가 어느 정도 달성되었나를 확인할 수 있다.

다음 표는 종합 평가용으로 활용할 수 있는 행동 목록의 예시로, Schirrmacher(2006), Koster(2001)와 정미경(1999)의 이론을 근거로 탐색, 표현, 감상의 3가지 범주로 나누어서 재조직한 것이다.

표 11 영유아 미술 평가 목록

평가 날짜 :
대상 영유아 : ( )세 (남, 여)

	예	아니오	비고
■ 탐 색			
• 다양한 물체를 가지고 탐색, 실험, 발견한다.	☐	☐	__
• 물체를 탐색하는 과정에 적극적으로 참여한다..	☐	☐	__
• 다양한 감각을 사용하여 탐색한다.	☐	☐	__
• 감각 경험을 통하여 사물의 속성과 개념을 인식한다.	☐	☐	__
• 사물의 물리적 변화에 대해 호기심을 가진다.	☐	☐	__
• 적극적으로 문제를 해결하며 원인과 결과를 이해한다.	☐	☐	__
■ 표 현			
• 신체 협응 및 조절을 할 수 있다.	☐	☐	__
• 다른 사람을 모방하지 않고 자신의 아이디어를 표현한다.	☐	☐	__
• 미술 재료를 가지고 자신의 느낌, 경험, 생각을 표현한다.	☐	☐	__
• 여러 가지 재료를 다양한 방법으로 활용한다.	☐	☐	__
• 자신감 있게 표현활동에 참여한다.	☐	☐	__
■ 감 상			
• 자신의 미술작품에 자부심을 느낀다.	☐	☐	__
• 다른 사람이 만든 작품의 아이디어, 스타일을 인정한다.	☐	☐	__
• 다양한 미술작품에 대하여 관심을 둔다.	☐	☐	__
• 미술작품에 대한 느낌을 언어로 표현한다.	☐	☐	__
• 미적 요소(색, 선, 양감, 패턴, 공간, 질감)를 안다.	☐	☐	__
• 미적 요소를 토대로 감상하고 토론한다.	☐	☐	__
• 미술작품의 공통점과 차이점을 인식한다.	☐	☐	__

2. 미술교육 평가

미술교육에 대한 평가는 교사 자신에 대한 평가이다. 즉, 교사가 영유아의 미술교육을 담당하면서 스스로 평가해 보아야 할 내용, 예를 들어 미술 활동이 영유아의 발달수준에 적절했는지, 미술 재료가 적절하게 잘 준비되었는지, 영유아와의 상호작용은 적극적으로 시도되었는지 등을 평가하는 것이다. 미술교육 전반에 대한 평가는 미술교육의 질적 수준을 향상시키는 길이며 교사 자신의 발전을 위해서도 반드시 필요하다.

미술교육 평가에는 교사의 자질 평가, 미술 활동 평가, 미술 교수-학습 평가, 미술환경 평가 등이 포함될 수 있는데, 이를 상세히 소개하면 다음과 같다(이정욱·임수진, 2010; Koster, 2001; Schirrmacher, 2006).

(1) 교사의 자질 평가

교사 개인의 자질이나 특성, 전문적 지식, 미술교수 효능감 등이 영유아 미술교육을 담당하기에 적합한지 다음의 사항을 평가해 보아야 한다.

- 영유아의 미술 발달 단계와 미술 특징을 이해하고 있는가?
- 교사 자신이 영유아의 미술을 효과적으로 지도할 수 있는 능력이 있다고 믿는가?
- 영유아가 자신의 느낌이나 생각을 자유롭게 표현할 수 있도록 수용적인 학급 분위기를 조성하고 있는가?
- 영유아와 언어적으로 또는 비언어적으로 적절하게 상호작용을 하는가?
- 교사 자신이 창의적이고 독창적인가?
- 영유아 미술교육에 대한 최신 정보와 연수회에 관심을 두고 참여하는가?

(2) 미술 활동 평가

교사가 유치원이나 어린이집에서 시행하는 미술 활동이 영유아의 연령과 발달수준에 적합한지, 의도한 교육 목표가 어느 정도 달성되었는지 등을 평가하는 것이다.

- 미술 활동이 영유아의 흥미와 발달수준에 적합한가?
- 영유아의 신체, 언어, 인지, 정서, 사회성, 창의성 발달을 촉진하는 미술 활동이 선정되었는가?
- 개별 미술 활동 및 집단 미술 활동이 균형 있게 시행되었는가?
- 탐색, 표현, 감상 등 다양한 미술 활동이 선정되었는가?
- 미술 활동이 다른 교과 영역과 통합되어 시행되었는가?
- 생활 주제와 연관된 미술 활동이 선정되었는가?

(3) 미술 교수-학습 평가

교사가 영유아의 미술교육을 효과적으로 잘 지도하였는지 분석하기 위해 교수-학습에 대해 평가할 수 있다.

- 영유아의 개인차를 고려한 다양한 형태의 개별 지도가 이루어졌는가?
- 영유아를 주의 깊게 관찰하여 필요한 시기에 적절히 개입하였는가?
- 영유아 각자의 흥미에 따라 활동하도록 충분한 시간이 제공되었는가?
- 영유아 스스로 탐색, 표현, 감상하도록 격려하였는가?
- 영유아가 미적 요소를 찾아 활용하도록 확산적인 질문을 하였는가?
- 미술 활동을 다른 영역의 활동으로 확장하도록 유도하였는가?

(4) 미술환경 평가

교사가 유아교육기관의 환경을 미술 활동에 적합하게 구성해 주었는지를 평가하는 것으로 다음 사항을 고려하여야 한다.

- 미술 영역 배치와 활동 공간이 적절한가?
- 다양한 미술 매체 및 재료, 도구가 제공되었는가?
- 영유아의 흥미를 끌 수 있는 창의적인 미술 재료가 제공되었는가?
- 주제와 관련된 미술 재료가 제공되었는가?
- 재료가 활용하기 편리하게 비치되어 있으며 변화, 교체되고 있는가?
- 작품을 효과적으로 보관하고 전시할 수 있는 공간과 설비가 있는가?
- 안전하고 위생적인 미술환경이 준비되었는가?

제2부

활 동

제1장

나와 친구

활동 1

마음대로 그리기

대상 1, 2세 영아

활동목표

- 손과 눈의 협응력 및 손의 조절능력을 발달시킨다.
- 여러 가지 그리기 도구를 사용하며 탐색한다.
- 미술 영역에 있는 그리기 도구에 관심을 갖는다.

활동자료 도화지, 크레파스

활동방법

① 미술 영역에 있는 크레파스와 도화지를 살펴본다.

- ○○야 이건 무얼까?
- 그래, 크레파스야.

② 도화지에 크레파스로 마음대로 그려보게 한다.

- 어떤 색으로 그림을 그릴까?
- 어떻게 그릴까?
- 마음대로 그려보자.

③ 그림의 모양이나 색깔에 대해 이야기를 나눈다.

- 빨간색으로 구불구불한 선을 그리고 있네.
- 이건 사과 같이 생겼네.
- 이 색깔 이름은 초록이야.

④ 손의 움직임과 그려진 형태를 탐색한다.

- (손을 크게 돌리면서) 이렇게 그리니까 어떤 그림이 그려지니?

참고사항

- 끼적거리기를 처음 시도하는 영아는 손의 조절능력이 잘 발달하지 않은 상태이므로 큰 종이가 적절하다.
- 손을 다양하게 움직이며 그림을 그리게 한다(예 꼬불꼬불, 빙글빙글).

활동 2 밀가루 풀 그림 그리기

대 상 1, 2세 영아

활동목표

- 긴장을 풀고 정서적으로 안정감을 느낀다.
- 손가락의 움직임 및 소근육 발달을 돕는다.
- 밀가루 풀 위에 다양한 선을 만들어본다.

활동자료 밀가루 풀, 물감, 커다란 비닐, 물수건, 비닐 앞치마나 작업복

준비사항

- 비닐지를 책상 위에 테이프로 붙여서 고정한다.
- 밀가루에 물을 넣고 가열하여 풀을 만든다.

활동방법

① 영아에게 앞치마나 작업복을 입히고 밀가루 풀을 함께 살펴본다.
- ○○야, 이게 무얼까?
- 어떻게 생겼니?

② 밀가루 풀에 물감을 넣어 휘저으며 변화를 살펴본다.
- ○○가 휘저어볼까?
- 밀가루 풀이 어떤 색으로 변했니?

③ 밀가루 풀을 비닐 위에 놓고 손가락으로 다양한 무늬를 만든다. 영아가 자유롭게 표현하도록 격려한다.
- 밀가루 풀을 문지르니까 어떤 선들이 나타나네.
- 뾰족뾰족한 선도 있고 둥글둥글 선도 보이네.
- 이번에는 주먹을 쥐고 문질러보자!

참고사항

- 영아가 밀가루 풀 만지는 것을 원하지 않으면 교사가 손으로 만지는 시범을 보여준다.
- 다양한 음악을 들으며 풀 그림을 그려본다.
- 미술 활동 후에는 비누로 손을 씻도록 한다.

활동 3 입술 찍기

대 상 1, 2세 영아

활동목표

• 거울을 보며 자아 인식을 발달시킨다.

• 입술을 움직여 다양한 모양을 찍어본다.

활동자료 안전 거울, 여러 색깔의 립스틱, 종이, 테이프

준비사항 안전 거울에 입술을 찍을 종이를 붙여 놓는다.

활동방법

① 전신 거울을 보며 다양한 표정을 지어본다.

– 거울 안에 누가 보이니?

– 눈을 찡그려 볼까?

– 선생님처럼 뽀뽀하는 입 해 볼까?

② 마음에 드는 립스틱 색깔을 선택하여 거울을 보며 입술에 칠한다.

– 이 중에서 어떤 색으로 칠해 볼래?

– 립스틱을 칠하니까 입술이 달라졌네!

③ 거울에 붙여 놓은 종이에 입술을 갖다 대어 찍는다.

– 입술을 종이에 대고 찍으면 어떻게 될까?

– 입을 벌리고 찍어볼까?

– 입술을 살짝만 대고 찍기도 하고 꾸욱 눌러서 찍어도 볼까?

④ 찍혀진 입 모양을 보며 이야기를 나눈다.

– 이것은 입을 어떻게 하고 찍은 것일까?

– 친구의 입술 모양은 어떠니?

참고사항

• 피부에 자극이 적은 립스틱을 선택하고 활동 후에 입술을 잘 닦도록 한다.

• 손가락에 립스틱을 발라 찍어볼 수도 있다.

• 입술 찍을 종이의 크기나 형태를 다양하게 준비해 준다.

활동 4

손바닥 찍기

대상 2세 영아

활동목표

- 소근육 발달을 촉진한다.
- 자신의 손바닥 모양에 관심을 갖는다.
- 다양한 손바닥 모양 찍기를 경험한다.

활동자료 전지 크기의 종이, 쟁반, 물감, 물수건, 앞치마

준비사항

- 쟁반에 물감을 풀어놓는다. 2~3가지 색상의 물감 쟁반을 준비한다.
- 영아에게 앞치마를 입히고 옷소매를 걷어준다.

활동방법

① 영아와 함께 손을 살펴본다.
 - 손바닥을 보자. 어떻게 생겼니?
 - 손가락을 쫙 벌리면 손 모양이 어떻게 되니?

② 쟁반에 있는 물감을 탐색한다.
 - 무슨 색깔이니?

③ 쟁반에 영아 손바닥을 대고 물감을 묻히게 한다.
 - 손바닥에 물감을 어떻게 묻힐까?
 - ○○ 손바닥이 어떻게 되었니?

④ 물감 묻은 손을 종이 위에 찍게 한다.
 - 종이에 손바닥을 쫙 펼치고 찍어보자.
 - 이번에는 다른 색으로 손바닥 찍기를 해 볼까?
 - 손가락을 꼭 붙이고 찍어보자.
 - 두 손으로 찍어볼까?

활동 5 크레파스 묶음 그림 그리기

대상 2, 3세 영유아

활동목표

- 소근육 발달을 돕는다.
- 다양한 색깔을 경험한다.
- 창의적 표현력을 발달시킨다.

활동자료 다양한 색깔의 크레파스 묶음, 테이프, 신문지, 도화지, 전지

준비사항

- 여러 색상의 크레파스를 2~3개 또는 3~4개씩 테이프로 묶는다.
- 신문지를 책상에 펼쳐 놓고 테이프를 붙여서 움직이지 않게 한다.

활동방법

① 크레파스 묶음을 탐색한다.

- 무슨 색깔의 크레파스가 묶여 있니?
- 여러 색깔의 크레파스 묶음으로 그림을 그리면 어떤 색깔로 그림이 그려질까?

② 신문지나 도화지에 자유롭게 그림을 그린다.

- 그림이 어떻게 그려지니?
- 이번에는 다른 크레파스 묶음으로 그려보자. 색깔이 어떻게 다르니?
- 꼬불꼬불 그리니까 어떤 모양이 만들어졌니?

③ 커다란 전지를 준비하여 여러 명이 함께 그림을 그린다.

- 어디에 그릴까?
- 친구는 그림을 어떻게 그렸니?

참고사항

- 크레파스 묶음을 다양하게 준비해 준다.
- 유아가 좋아하는 색깔의 크레파스를 선택하여 유아와 함께 크레파스 묶음을 만들어 사용할 수 있다.

활동 6 모래 종이에 친구 얼굴 그리기

대상 3, 4세 유아

활동목표

- 젖은 모래 종이 위에 분필로 그림을 그려본다.
- 다양한 촉감을 경험한다.
- 친구 얼굴을 떠올리며 그림을 그린다.

활동자료 모래 종이, 물이 담긴 분무기, 색분필, 크레파스

활동방법

① 모래 종이를 만지며 촉감에 대해 이야기를 나눈다.

－만져보니까 어떤 느낌이 드니?

－이런 종이를 무엇이라 할까?

② 모래 종이에 분무기로 물을 뿌린다.

－물을 뿌리니까 어떻게 되었니?

－○○야, 만져보자.

③ 젖은 모래 종이에 분필과 크레파스로 친구 얼굴을 그린다.

－어떤 친구 얼굴을 그려볼까?

－분필로 그려볼까?

－크레파스, 분필 모두를 사용해서 그려볼까?

④ 건조대에 걸어서 말린다.

참고사항

- 젖은 모래 종이 위에 분필로 그림을 그리면 그림이 마른 후 분필가루가 날리지 않는다.
- 5세 유아 활동으로 확장할 경우, 파스텔로 그림을 그려본다.
- 분필을 물에 적셔서 그림을 그려도 된다.

활동 7 풀 그림 스크래치

대 상 4, 5세 유아

활동목표

- 소근육 발달을 돕는다.
- 색깔개념을 발달시킨다.
- 창의적 표현력을 발달시킨다.

활동자료 도화지, 크레파스, 밀가루 풀, 나무젓가락

준비사항 밀가루 풀에 색소를 넣어서 색깔 밀가루 풀을 만든다.

활동방법

① 여러 가지 색깔의 크레파스로 도화지 전체를 칠한다.
- 무슨 그림을 그릴까?
- 어떤 색으로 칠할까?
- 도화지 전체에 골고루 색칠을 하자.

② 크레파스를 칠한 도화지 위에 풀을 손으로 골고루 바른다.
- 손으로 풀을 바르니까 어떤 느낌이니?
- 크레파스 그림이 어떻게 되었니?

③ 손가락이나 나무젓가락을 이용하여 스크래치한다.
- 이제 나무젓가락으로 그림을 그려보자.
- 풀이 어떻게 되었니?
- 무엇이 보이니?

④ 그림을 건조한다.

참고사항

- 크레파스로 그림의 윤곽을 그리고 풀로 색칠해 볼 수 있다.
- 나무젓가락 이외에 다른 다양한 도구(예 면봉, 이쑤시개, 칫솔 등)로 스크래치한다.
- 음악을 감상하며 느낌을 그림으로 표현한다.

활동 8 스티로폼 조각으로 구성하기

대 상 4, 5세 유아

활동목표

- 손과 눈의 협응력 및 소근육 발달을 돕는다.
- 크기가 다른 스티로폼 조각으로 입체물을 구성한다.
- 창의적 구성력을 발달시킨다.

활동자료 스티로폼 조각, 스티로폼 공, 이쑤시개, 유성 매직

준비사항 커다란 스티로폼을 여러 모양의 작은 조각으로 자른다.

활동방법

① 준비된 스티로폼 조각과 스티로폼 공을 탐색한다.
- 무엇으로 만들어졌을까?
- 무슨 모양이니?
- 손으로 눌러 보니까 느낌이 어떠니?

② 스티로폼으로 조각품을 만든다.
- 스티로폼 조각을 무엇으로 붙일 수 있을까?
- 이쑤시개를 이용해 두 조각을 연결해 볼 수 있니?
- 어떤 모양으로 만들어 볼까?

③ 완성된 조각품을 감상하며 제목을 붙인다.
- 무엇 같으니?
- 제목을 어떻게 지으면 좋을까?

참고사항

- 조각품을 만든 후 여러 모양의 종잇조각을 붙여서 장식할 수 있다.
- 완성된 조각품을 전시하여 미술관을 꾸며보도록 한다. 이때 작품을 만든 유아의 이름과 제목을 함께 전시한다.

활동 9

조각 그림 벽화 꾸미기

대상 4, 5세 유아

활동목표

- 구멍 뚫린 종이로 작업하며 형태 지각력을 발달시킨다.
- 어울리는 색과 촉감으로 구성해 본다.
- 협동하는 태도를 기른다.

활동자료 다양한 형태의 구멍이 뚫린 종이, 다양한 질감과 무늬의 헝겊 조각, 전지, 풀, 가위, 접착제

준비사항 마분지를 10×8㎝로 자르고 다양한 형태의 구멍을 뚫어 놓는다.

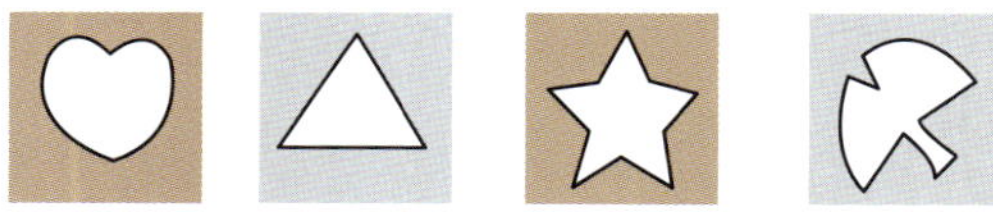

활동방법

① 다양한 형태의 구멍이 뚫린 종이를 살펴본다.
- 세모 모양의 구멍이 뚫린 종이를 찾아보자.
- 왜 종이에 구멍을 뚫어 놓았을까?

② 다양한 헝겊 조각을 만지며 촉감을 느껴본다.
- 어떤 느낌이 드니?
- 무슨 무늬가 있니?

③ 구멍 뚫린 종이 밑에 헝겊을 붙여 퀼트 조각을 만든다.
- 이 종이에 어떤 헝겊이 어울릴까?
- 종이에 헝겊을 어떻게 붙일까?
- 구멍으로 무엇이 보이니?

④ 유아들이 만든 퀼트 조각을 전지에 붙여서 벽화를 만든다.

– 어떻게 붙일까?

– 이 조각 그림 옆에 어떤 그림을 붙여야 어울릴까?

– 친구들과 의논해서 벽화를 만들어 보자.

– 위치를 바꾸고 싶은 조각이 있니?

– 어떤 조각이 더 잘 어울린다고 생각하니?

⑤ 친구들이 만든 벽화를 보면서 감상한다.

– 어떤 느낌이 드니?

– 벽화 제목을 무엇이라고 할까?

– 어떤 친구들이 만든 벽화가 마음에 드니? 어떤 점이 좋으니?

참고사항

- 생일 카드나 축하 카드에 여러 가지 모양의 구멍을 내고 뒷면에 헝겊 조각을 붙여서 재미있는 모양의 카드를 만들 수 있다.
- 커다란 헝겊에 여러 형태의 종이를 오려 붙여서 벽화를 만들 수 있다.
- 함께 작업하는 친구들과 서로 의논하고 협동하면서 참여하도록 격려한다.
- 집단별로 완성한 벽화작품을 벽에 전시하여 감상하게 한다.
- 헝겊 이외에 셀로판지, 은박지, 잡지 등을 활용할 수 있다.
- 다양한 크기의 종이를 이용하여 구성할 수도 있다.

활동 10 신문지 추상화

대 상 4, 5세 유아

활동목표

- 신문지를 찢으며 다양한 선을 경험한다.
- 신문지로 창의적인 구성을 해 본다.
- 협동하는 태도를 기른다.

활동자료

- 전지(유아 5~6명에 1장씩), 신문지, 풀, 매직펜, 색 클립, 털실, 빨대, 색연필, 연필

준비사항

- 5~6명의 유아가 함께 작업할 수 있도록 책상을 배치하고 바닥에 전지를 붙여 놓는다.

활동방법

① 신문지를 찢어 붙이고 여러 가지 자료로 꾸미는 활동을 소개한다.
  – 큰 종이에 신문지를 찢어 붙여서 무엇을 만들 수 있을까?
  – 신문지 이외에 어떤 것들을 붙일 수 있을까?
  – 여러 친구가 함께 하려면 어떻게 해야 할까?

② 5~6명의 유아가 신문지를 찢어보며 이야기를 나눈다.
  – 신문지를 작은 조각으로 찢어 볼 수 있니?
  – 끝이 뾰족하게 찢어 볼까?
  – 찢어진 모양이 어떠니?
  – 어떻게 해야 길게 찢을 수 있을까?

③ 신문지 조각을 다양한 방법으로 커다란 전지에 붙인다.
  – 긴 조각을 돌돌 말면 어떻게 되니?
  – 어울리는 모양끼리 모아서 붙여볼까?
  – 신문지를 뭉치니까 어떤 모양이 되니?
  – 어떤 모양으로 붙였니?

④ 매직펜이나 색연필로 그림을 그려 꾸민다.

- 신문지를 붙이고 나머지 부분은 매직펜으로 꾸며보자.
- 신문지를 찢어 만든 물고기에 비늘을 그려줄까?
- 바닷속의 미역은 어떻게 그릴까?

⑤ 털실, 빨대, 색 클립 등을 창의적으로 활용한다.

- 색 클립을 어디에 끼워볼까?
- 털실은 어떻게 붙여 장식할까?

⑥ 신문지 추상화를 감상한다.

- 이 부분에 붙인 신문지는 무엇처럼 보이니?
- 어떤 점 때문에 그렇게 생각했니?
- 제목을 붙여볼까?
- 이 부분은 어떻게 만든 것이니?

참고사항

- 신문지를 찢거나 구기기, 뭉치기, 돌돌 말기 등 다양한 방법으로 활용할 수 있다.
- 활동이 끝나면 벽에 붙여 전시한다.
- 사물을 사실적으로 표현하기보다는 점, 선, 면 등을 활용하여 추상화를 창의적으로 표현하도록 격려한다.

활동 11

단체 사진 꾸미기

대상 5세 유아

활동목표

- 사진 꾸미기로 자신과 타인에 대한 인식을 발달시킨다.
- 사진을 잘라 배치하며 창의적 구성을 한다.
- 친구들과 함께 사진을 꾸미며 협동적 태도를 기른다.

활동자료 유아 사진, 단체 사진, 전지, 색종이, 크레파스, 풀, 가위

준비사항

- 가정통신문을 통해 각 유아의 개별 사진을 수집한다.
- 유아교육기관에서 찍은 단체 사진도 준비한다.

활동방법

① 유아들의 개별 사진과 단체 사진을 보며 이야기를 나눈다.
  - 누구의 사진일까?
  - 무엇을 하는 모습이니?
  - 이 사진에는 누가 있니?

② 여러 유아의 개별 사진을 이용하여 단체 사진을 만들어 보자고 제안한다.
  - 어떻게 단체 사진처럼 만들 수 있을까?

③ 전지에 사진을 어떻게 배치할지 의논한다.
  - 사진을 어디에, 어떻게 붙일까?
  - 여기에는 어떤 사진을 붙이면 좋겠니?

④ 유아들의 의견에 따라 사진을 붙인다.
  - 이 사진을 왜 여기에 붙였으면 좋겠니?
  - 여러 친구 사진을 모아서 붙이니 어떤 느낌이 드니?

⑤ 사진 주변의 공간에 그림을 그리거나 색종이를 오려 붙여서 꾸민다.
  - 어떻게 꾸밀까?
  - 다른 친구들의 모습이 어떻게 보이니?

⑥ 완성한 작품을 전시하고 감상한다.

–어떤 부분이 마음에 드니?

–배경을 어떻게 꾸민 것일까?

–이 사진을 보니 어떤 이야기가 생각나니?

참고사항

- 특정 주제(예 놀이터, 유치원)를 정하여 유아 사진을 배치하고 상황을 만들어 꾸미는 활동을 한다.
- 찰흙으로 자신의 모습을 만들도록 한다. 각 유아의 찰흙작품을 모아서 단체로 작품 전시를 한다.

활동 12 동화책 그림 감상하기

대 상 5세 유아

활동목표

- 도서영역의 동화책 그림에 관심을 갖는다.
- 여러 가지 그림책의 삽화를 감상해 본다.
- 그림의 차이점을 관찰하는 능력을 발달시킨다.

활동자료 도서영역에 비치된 그림책 3~4권(화풍이 다른 삽화)

활동방법

① 도서영역에 있는 그림책의 표지를 보면서 내용과 제목에 대해 이야기한다.
- 동화 제목이 무엇이니?
- 무슨 그림이 그려져 있니?
- 누가 주인공일까?
- 어떤 내용의 동화책이니?

② 각각 삽화의 분위기 차이를 느끼며 삽화를 살펴본다.
- 이 책의 그림은 무엇으로 그렸을까?
- 어떤 색깔을 많이 사용하였니?
- 이 그림은 왜 이렇게 빨간색을 많이 사용했을까?
- 어떤 점이 독특하니?
- ○○야, 너는 어떤 동화책 그림이 마음에 드니?

③ 다양한 그림책의 화풍에 대해 느낌을 이야기한다.
- 따뜻하고 부드러운 느낌이 나는 그림은 어떤 것이었니?
- 그림을 보면 어떤 마음이 드니?

참고사항

- 동일한 이야기라도 삽화가 다른 그림책은 다른 화풍을 느끼게 한다. 같은 이야기를 담고 있으나 삽화가가 다른 그림책을 구해 활동할 수도 있다.

제2장

나와 가족

활동 1 구슬 상자 그림

대 상 1세 영아

활동목표

- 내 마음대로 구슬을 굴려 그림을 그린다.
- 굴러가는 구슬이 만든 선에 관심을 갖는다.
- 구슬 모양에 따라 자국이 달라짐을 경험한다.

활동자료 상자 뚜껑, 뚜껑 바닥면과 동일한 모양의 종이, 다양한 모양의 구슬, 물감이 담긴 그릇, 숟가락

활동방법

① 상자 뚜껑에 종이를 깔고 구슬을 넣은 후 흔들며 탐색한다.
- 이 안에 무엇이 있을까?
- 데굴데굴 굴러가는 것이 뭘까?
- 또로록 또로록 이쪽으로 굴러가네.

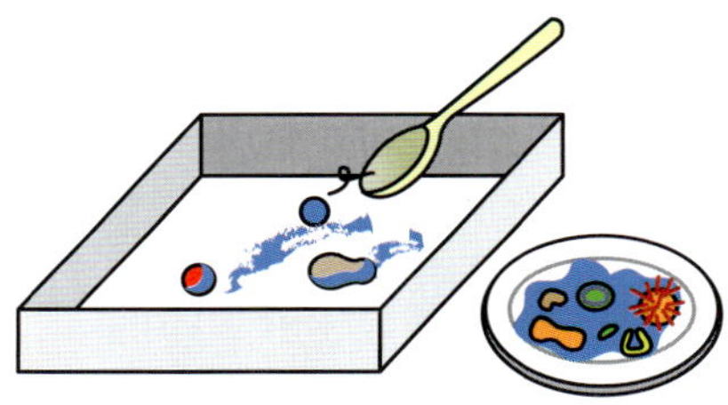

② 물감을 묻힌 구슬을 숟가락으로 옮겨 뚜껑에 넣고 흔든다.
- 빨간색 구슬이 되었네.
- 구슬이 굴러갔더니 길이 만들어졌네.
- 이 선은 길다. 여기는 짧다.

③ 구슬을 여러 개 넣거나 다른 모양 구슬을 넣고 굴려본다.
- 구슬을 더 넣고 해 볼까?
- 다른 모양 구슬도 넣고 흔들어 보자
- 상자를 천천히(또는 빨리) 움직여 볼 수 있니?

④ 완성한 그림의 선들을 살펴보며 감상한다.
- ○○ 그림에는 여기 긴 선이 있네.

참고사항

- 영아가 구슬을 입에 넣지 않도록 주의하여 지도한다.

활동 2 파스타 그림 그리기

대 상 1, 2세 영아

활동목표

- 파스타를 이용한 구성을 하며 다양한 촉감경험을 한다.
- 여러 가지 색깔 파스타로 구성을 해 본다.
- 색깔의 변화를 탐색한다.

활동자료 다양한 모양의 삶은 파스타, 종이, 종이 접시, 식용색소, 투명 그릇

활동방법

① 삶아 놓은 파스타를 탐색한다.
- 이게 무얼까?
- 만져보자. 어떤 느낌이니?
- 이 파스타는 국수같고, 이 파스타는 나비 모양이네!

② 식용색소를 넣어서 색깔 파스타를 만든다.
- 국수가 어떻게 되었니?
- 와~ 빨간 국수가 되었네.
- 다른 색깔로 파스타 색깔을 바꾸어 볼까?

③ 색깔 파스타로 종이 위에 그림을 그린다.
- 색깔 국수로 그림을 그리자.
- 종이 위에 국수를 놓아보자.
- 국수를 길게 놓아볼까?
- ○○는 구불구불 길을 만들었네.

④ 파스타 그림을 함께 감상한다.
- 이 그림에는 긴 국수 파스타가 있네
- 나비 모양 파스타는 어디에 있지?

참고사항

- 흰 국수와 마카로니를 제공하는 경우에는 검은색 종이를 준비한다.

활동 3 젖은 종이에 물감 뿌리기

대 상 2세 영아

활동목표

- 분말 물감을 섞으며 색깔의 혼합을 경험한다.
- 젖은 종이에 물감이 번지는 것을 관찰한다.
- 다양한 색깔의 아름다움에 관심을 갖는다.

활동자료 도화지, 분말 물감, 양념통(예 소금통), 물, 쟁반, 붓

준비사항 물감 가루를 소금통에 색깔별로 담고 색깔 표시를 한다.

활동방법

① 소금통에 넣은 물감 가루를 뿌려서 그림을 그려보도록 한다.
- 이 통에는 무엇이 들어 있을까?
- 물감 가루로 그림을 그리면 어떻게 될까?
- 어떻게 그림을 그릴 수 있을까?

② 도화지를 쟁반 위에 놓고 붓으로 물을 칠한다.
- 붓으로 종이에 물을 칠해 보자.
- 종이가 어떻게 되었니?

③ 젖은 도화지에 물감 가루를 뿌려서 물감이 번지는 모습을 관찰한다.
- 소금통을 흔들어보자. 물감 가루가 나오니?
- 뿌린 물감이 어떻게 되었니?

④ 여러 가지 물감을 뿌리며 그림을 그린다.
- 여러 가지 물감을 뿌리니까 어떻게 되었니?
- 이 모양은 하늘의 구름 같구나.
- 색들이 서로 만나는 것이 보이니?

⑤ 건조한 후 전시하여 감상한다.

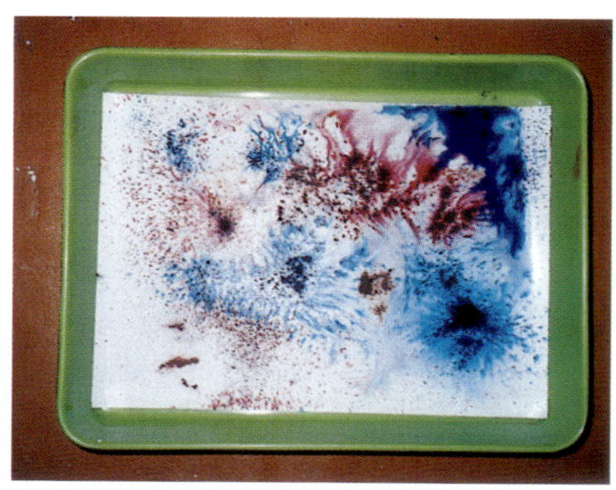

활동 4 우리 가족 액자

대 상 2세 영아

활동목표

- 작은 조각으로 액자를 구성해 본다.
- 가위를 사용하며 소근육이 발달한다.
- 가족을 생각하며 자신만의 액자를 만든다.

활동자료 가족 사진, 안전가위, 수수깡, 색 빨대, 컬러 접착시트지(8절 크기), 투명 접착시트지

활동방법

① 안전가위를 가지고 빨대, 수수깡을 자르며 탐색한다.

- 이렇게 하면 빨대가 짧아졌네?
- 수수깡은 손으로 부러뜨릴 수 있을까?
- 긴 빨대가 짧아졌구나.

② 가족 사진을 컬러 접착시트지 가운데 붙이며 이야기를 나눈다.

- 어떤 색깔 시트지가 좋니? 가족 사진을 붙여줄게.
- 엄마, 아빠는 어디 있니?

③ 잘라놓은 빨대, 수수깡을 접착시트지 위에 올려놓아 구성해 본다.

- 짧은 빨대들을 여러 개 놓아볼까?
- 여기에는 어떤 수수깡을 놓을까?
- 빨대를 이렇게 세워서 놓아볼까?

④ 완성된 액자 위에 투명 접착시트지를 덮는다.

- 액자 위에 투명한 비닐을 덮어볼까?

⑤ 가족 액자 꾸미기 작품을 감상한다.

- ○○ 액자에는 빨대들이 나무처럼 서 있구나.
- 이 짧은 수수깡들은 꼭 눈이 온 것 같아.

참고사항 색 빨대, 수수깡 이외에 색종이나, 색깔 점토를 잘라서 꾸미기를 할 수도 있다.

활동 5

팝콘 선물 포장

대상 2, 3세 영유아

활동목표

- 팝콘 선물을 스티커로 꾸밀 수 있다.
- 맛있는 팝콘을 가족에게 선물하는 경험을 한다.
- 다양한 재료를 활용하는 경험을 한다.

활동자료 투명비닐 위생 장갑, 팝콘, 리본이나 빵 끈, 작은 스티커

활동방법

① 팝콘을 먹으면서 이야기를 나눈다.
- 이것이 무엇일까? 팝콘이지?
- ○○야, 팝콘을 먹어볼까?
- 맛있는 팝콘을 엄마, 아빠한테 선물해 볼까?

② 비닐 위생 장갑을 살펴보고 스티커를 붙여 꾸민다.
- 어떤 모양이니? 우리 손같이 생겼지.
- 여기에 팝콘을 넣어 선물할까?
- 스티커를 붙여 예쁘게 꾸며보자.

③ 비닐 위생 장갑 안에 팝콘을 넣고 리본이나 빵끈으로 묶는다.
- 이 비닐 위생 장갑에 팝콘을 담아보자.
- 와~ ○○가 팝콘을 장갑에 담고 있네.
- 팝콘을 넣으니까 장갑이 어떻게 되었니?

④ 팝콘이 담긴 장갑을 보며 이야기한다.
- 엄마, 아빠가 기뻐하실까?
- 스티커랑 리본으로 꾸미니까 멋진 선물이 되었네.

참고사항

- 비닐 위생 장갑에 팝콘을 넣기 편리하도록 교사가 장갑 입구를 미리 벌려놓고 테이블에 흘릴 수 있으므로 큰 쟁반이나 식탁보를 깔고 활동한다.
- 영유아들이 유성 사인펜으로 그림을 그려 장갑을 꾸미게 할 수 있다.

활동 6 집 꾸미기

대상 3, 4세 유아

활동목표

- 가위를 사용하여 필요한 그림을 오려본다.
- 집에서 사용하는 물건과 공간을 생각해 본다.
- 창의적 표현력을 발달시킨다.

활동자료 전지, 잡지, 색종이, 크레파스, 안전가위, 풀

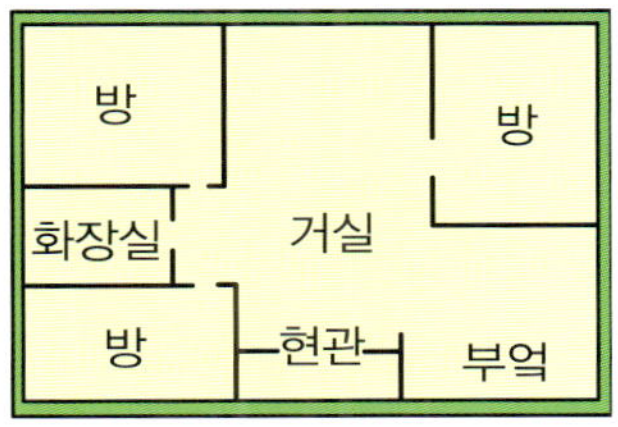

준비사항 전지에 집의 구조를 그려서 유아의 눈높이에 맞추어 벽에 붙여 놓는다.

활동방법

① 집 구조가 그려진 전지를 살펴본다.

- 여기는 마루야. 여기는 방문이고, 어떤 물건들이 있지?
- 부엌에서 어떤 것들을 볼 수 있니?

② 잡지를 보면서 가구나 물건을 찾아본다.

- 이것은 무엇을 하는 데 필요한 물건이니?

③ 찾은 물건들을 오려서 전지에 붙인다.

- 텔레비전은 어느 곳에 붙이면 좋을까?
- 전기밥통은 집 안의 어디에 있니?

④ 색종이를 오리거나 크레파스로 그림을 그려 집의 내부를 완성한다.

참고사항

- 5세 유아의 경우 3~4명의 유아가 서로 의논하여 집의 구조를 그리고 각 방에 필요한 물건을 오려 붙이는 등 집단활동으로 시행할 수 있다.

활동 7 실 그림

대 상 3, 4세 유아

활동목표

- 여러 가지 실을 사용해 다양한 선을 만들어본다.
- 실 그림으로 만들어진 선의 느낌에 대해 이야기해 본다.

활동자료 여러 종류의 실 막대(긴 실, 짧은 실, 굵은 실, 얇은 실), 물감 접시, 도화지

준비사항

- 나무젓가락에 실을 묶어 실 막대를 만든다.
- 물감 접시에 물감을 적절한 농도로 풀어놓는다.

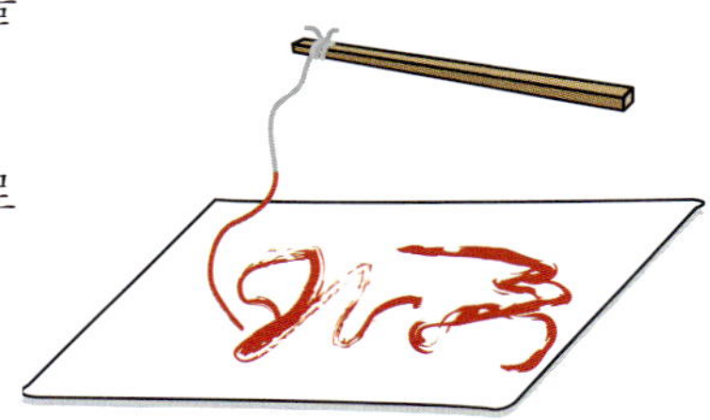

활동방법

① 여러 가지 실을 탐색한다.

– 어떤 실은 짧구나.

– 이 실은 굵고 이 실은 얇구나.

② 실 막대를 물감 접시에 담가 물감을 묻힌다.

– 어떤 색깔의 물감을 묻힐까?

– 실 색깔이 어떻게 변했니?

③ 도화지 위에 실 막대를 올려 놓고 움직여 본다.

– 어떻게 해야 그림이 그려질까?

– 아래, 위로 움직여보자.

– 구불구불한 선을 만들 수 있겠니?

④ 실 막대의 높낮이를 조절하며 다양한 그림을 그린다.

– 어떤 그림이 그려지니?

– 이 선들을 보니 무엇이 생각나니?

참고사항

- 실 막대 그림이 마르면 크레파스로 그림을 그려 꾸민다.
- 실 그림을 그릴 때 물감의 색이 섞이지 않도록 막대에 색깔 표시를 한다(예 빨간 물감용 – 빨간 막대).

활동 8

털실 모양 짜기

대 상 3, 4세 유아

활동목표

- 털실 짜기를 하여 눈과 손의 협응력을 발달시킨다.
- 여러 가지 털실을 이용해 창의적 구성력을 발달시킨다.

활동자료 우드락으로 만든 털실 짜기 판, 여러 가지 색 털실, 가위, 투명 테이프

준비사항
- 우드락을 다양한 모양으로 오린 후, 가장자리에 털실을 걸 수 있는 홈을 파서 털실 짜기 판을 만든다.
- 우드락 뒷면에 테이프로 털실을 고정해 놓는다.

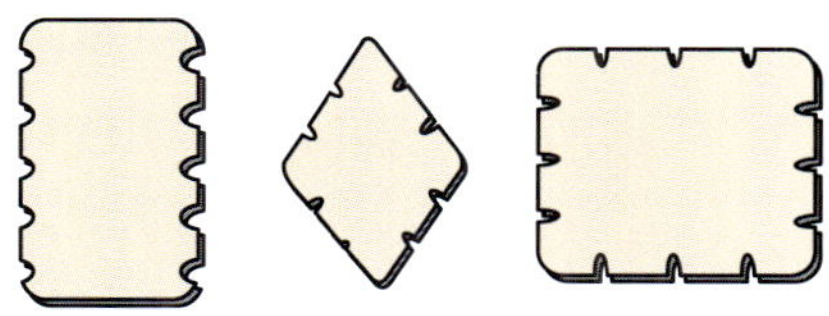

활동방법

① 털실 짜기 판과 실을 탐색한다.
- 이것으로 무엇을 할 수 있을까?
- 이 판과 털실로 어떤 놀이를 해 볼까?
- 왜 홈이 파여 있을까?

② 지그재그로 털실을 홈에 걸어 모양 짜기를 한다.
- 털실을 어떻게 홈에 걸 수 있을까?
- 어떤 모양으로 짜볼까?

③ 모양 짜기를 다 한 후에는 털실을 테이프로 붙여 고정한다.
- 털실이 어떻게 감겼니?

④ 천장에 다양한 길이로 매달아서 감상한다.
- 몇 가지 색 털실로 꾸민 것이니?
- 어떤 모양이 마음에 드니?

참고사항

- 액자틀 형식의 털실 짜기 판으로도 할 수 있다.
- 2~3가지 색깔의 털실을 함께 묶어서 모양 짜기를 할 수 있다.

활동 9 새로운 물건 만들기

대 상 4, 5세 유아

활동목표

- 여러 가지 기계와 도구의 기능에 대해 안다.
- 도구의 쓰임새를 창의적으로 새롭게 생각해 본다.
- 감상하는 태도를 기른다.

활동자료 가전제품 사진이 있는 잡지, 도화지, 가위, 풀, 사인펜

활동방법

① 가전제품 사진을 오려 도화지에 붙인다.
- 이것은 무엇이니?
- 무엇을 할 때 사용하는 것일까?

② 사진에 그림을 덧붙이거나 그림을 그려 새로운 물건을 만든다.
- 사용하기 더 편하려면 어떻게 고쳐야 할까?
- 이 물건을 더 멋지게 보이려면 어떻게 꾸밀까?

③ 새롭게 변화된 물건에 이름을 붙여보고 이름을 도화지에 쓴다.
- 무엇이라 이름을 붙이면 좋을까?
- 왜 그런 이름을 붙이고 싶었니?

④ 다른 유아들이 만든 새로운 물건을 전시(예 새로운 상품 전시회)하고 감상한다.
- 어떤 물건이 가장 멋있니?
- 어떤 점이 새로워졌을까?

참고사항

- 가전제품 사진의 반을 잘라붙인 후, 나머지 반은 그림을 그려서 완성한다.

활동 10 모래밭의 가족 얼굴

대 상 4, 5세 유아

활동목표

- 모래를 뭉쳐 가족 얼굴을 만들어본다.
- 주변의 사물을 주의 깊게 관찰하는 태도를 기른다.
- 주변 자연물을 이용하여 얼굴 특징을 표현한다.

활동자료 모래, 돌멩이, 나뭇가지, 나뭇잎, 사진기

준비사항 모래가 잘 뭉쳐질 수 있도록 물을 적당히 뿌려 놓는다.

활동방법

① 주변에서 얼굴을 꾸밀 자료(돌멩이, 나뭇가지, 나뭇잎 등)를 수집한다.
 – 코는 무엇으로 만들면 좋을까?
 – 나뭇가지로는 무엇을 만들까?

② 손으로 모래를 뭉쳐 얼굴 형태를 만든다.
 – 누구의 얼굴을 만들까?
 – 동그란 얼굴에 귀를 만들어볼까?

③ 돌멩이와 나뭇가지, 나뭇잎 등으로 눈, 코, 입을 만든다.
 – 동그란 눈은 무엇으로 만들까?

④ 모래를 긁거나 나뭇가지를 놓아 머리카락을 만든다.
 – 어떤 머리 모양을 만들까?
 – 구불구불하게 만들어볼까?

⑤ 모래밭 가족 얼굴이 완성되면 사진을 찍어 감상한다.
 – 엄마의 곱슬파마 머리는 나뭇잎으로 표현했구나.
 – ○○는 아빠의 코를 무엇으로 만들었니?

참고사항

- 모래 놀이용품(예 그릇, 냄비 뚜껑, 숟가락)을 이용할 수도 있다.
- 둥글고 넓적한 형태의 돌멩이를 찾아서 돌멩이에 가족 얼굴을 꾸며 본다.

활동 11 칫솔 그림

대 상 5세 유아

활동목표

- 칫솔을 이용한 물감 튀기기를 해 본다.
- 물감 색이 혼합되는 것을 경험한다.
- 자신이 좋아하는 모양과 색을 생각하며 구성한다.

활동자료 칫솔, 물감 접시, 종이, 가는 체, 여러 가지 모양 조각

활동방법

① 칫솔과 체를 탐색하며 칫솔 그림 방법을 소개한다.
- 칫솔에 물감을 묻혀 체에 문지르면 어떻게 될까?
- 모양 조각을 종이에 올려놓고 그 위에 물감을 뿌리면 어떻게 될까?
- 모양 조각이 있던 면에는 왜 색깔이 묻지 않을까?

② 종이 위에 유아들이 좋아하는 모양을 올려놓고 물감을 뿌려본다.
- 어떤 모양을 좋아하니?
- 동그라미를 여러 개 올려놓았구나.
- 물감을 뿌리고 나서 모양 조각을 걷어내 볼까?

③ 다른 모양의 조각들도 종이 위에 올려놓고 반복하여 물감을 뿌려본다
- 어떤 모양 조각을 더 종이에 올려놓고 싶니?
- 다른 색깔로 겹치게 색을 뿌려 볼 수도 있을까?
- 모양 조각이 겹쳐져 있는 부분의 색이 어떻게 변할까?

④ 완성된 모양 그림을 감상한다.
- 이 그림에서 어떤 모양이 보이니?
- 여기 부분은 어떤 색과 어떤 색이 겹쳐서 뿌려진 것일까?

참고사항

- 칫솔, 물감 접시에는 색깔 표시를 해 두어 색이 섞이지 않도록 한다.
- 여러 가지 모양 조각은 얇은 플라스틱 재질로 만들면 좋다.

활동 12 가족 나들이 그림

대 상 5세 유아

활동목표

- 비슷한 상황의 다양한 그림을 감상한다.
- 가족과 경험했던 것을 기억하고 그림으로 표현한다.
- 자신의 생각을 표현하는 능력을 발달시킨다.

활동자료 명화(르누아르의 「보트에서의 점심」, 쇠라의 「그랑드자트 섬의 일요일 오후」, 「아니에르에서의 물놀이」 등), 도화지, 크레파스, 색연필, 연필, 파스텔

활동방법

① 명화를 감상하며 이야기를 나눈다.
- 무엇을 하는 것일까?
- 무엇으로 그림을 그렸을까?
- 이 사람들은 어떤 가족들일까?

② 명화에 있는 것처럼 가족과의 나들이 경험을 그림으로 그려보게 한다.
- 어디를 놀러 갔을 때 가장 재미있었니?
- 그림을 그린다면 어떤 장면을 그려볼까?

③ 크레파스나 색연필, 또는 연필로 도화지에 윤곽 그림을 그린다.
- 무엇으로 그릴까?
- 어떻게 그려볼까?

④ 윤곽 그림을 파스텔로 칠한다.
- 어느 부분을 파스텔로 칠할까?
- 파스텔로 칠하니까 어떻게 되었니?

⑤ 가족 나들이 그림을 유아와 함께 감상한다.
- 무엇을 하는 것일까?
- 이 그림은 어디로 나들이 간 것일까?
- 가족들의 표정이 어떠니?

활동 13 명화 슬라이드 감상

대 상 5세 유아

활동목표

• 가족을 주제로 한 명화를 감상한다.
• 독특한 화풍에 따라 느낌이 다름을 안다.
• 비슷한 상황의 미적 감각을 기른다.

활동자료 다양한 화가의 그림 PPT(모네의「미쉘모네의 초상」, 호넬의「여름날의 전원시」, 박수근의「어머니와 아이」), 빔 프로젝터 또는 TV

준비사항

• 유명한 화가의 작품을 PPT 자료로 준비해 놓는다.
• 프로젝터 또는 TV를 켜고 조명을 어둡게 한다.

활동방법

① PPT로 다양한 화가의 그림을 본다.
- 무슨 그림이니?
- 무엇을 그린 그림일까?
- 어떤 느낌이 드니?

② 그림을 서로 비교하며 이야기를 나눈다.
- 이 그림은 무엇으로 그렸을까?
- 어떤 점이 다르니?
- 이 중에서 제일 거칠어 보이는 그림은 어떤 것이니?
- 어떤 그림이 가장 따뜻한 느낌을 준다고 생각하니?

참고사항

• 전시장을 견학하여 화가의 그림을 직접 보며 감상할 수 있다.
• 도서영역에 화가와 관련된 팸플릿이나 책을 준비해 놓는다.
• 이젤과 물감, 팔레트 등을 준비해 주어 화가처럼 그림을 그려보도록 한다.
• 유아들의 작품으로 전시장을 꾸민다. 작품 밑에는 그림을 그린 유아의 이름, 제목 등을 써 놓는다.

제3장

우리 동네

활동 1 지점토 빵 만들기

대 상 1세 영아

활동목표

- 지점토를 다루면서 소근육이 발달한다.
- 점토를 다루면서 다양한 감각경험을 한다.
- 마음껏 점토를 만지며 만족감을 느낀다.

활동자료 지점토, 색 빨대 자른 것, 단추, 스팽글, 수수깡

활동방법

① 여러 가지 색깔의 지점토를 영아에게 보여준다.

–여기에 어떤 것들이 있나 보자!

–수수깡은 부러뜨려서 꽂아볼까?

–맛있는 빵 같다. 얌얌얌

–이건 지점토라고 해. 만져보자. 부드럽지?

–손가락으로 쏙 눌러보자.

–와~ 쏙 들어가네.

② 지점토에 빨대를 꽂거나 단추, 스팽글을 붙여서 꾸민다.

–빨대를 꽂아보자. 어디에 꽂을까?

–○○야, 이번에는 단추를 붙여보자.

③ 영아가 만든 빵을 모아 놓고 감상한다.

–반짝반짝 빛나는 빵이 있네.

–이건 케이크 같다. 생일 축하합니다~! 후우~!

참고사항

- 영아가 자유롭게 탐색하고 참여하도록 지지하고 격려해 준다.
- 영아가 작은 조각을 입에 넣지 않도록 주의해서 살펴본다.
- 영아가 만든 지점토 빵은 마른 후 소꿉영역에 제공하여 상상놀이에 사용하게 한다.
- 이 활동은 빵을 간식으로 먹은 날 실시한다.

활동 2

종이 구겨 찍기

대 상 1, 2세 영아

활동목표

- 종이를 뭉쳐보면서 소근육이 발달한다.
- 구긴 종이로 물감을 찍으며 창의적 표현력을 발달시킨다.

활동자료 도화지, 종이, 물감 접시

준비사항
- 접시에 물감을 풀어놓는다.
- 종이를 한 장 구겨 놓는다.

활동방법

① 구겨진 종이를 탐색한다.

–이것이 무엇일까?

–이것을 한번 펴볼까?

–어떻게 하면 이렇게 만들 수 있을까?

–손으로 꽉 쥐어서 구겨보자.

② 마음대로 종이를 구긴다.

–작은 종이를 구겨볼까?

–길고 큰 종이를 구겨볼 수 있니?

③ 구긴 종이에 물감을 묻혀 찍는다.

–무슨 색깔의 물감으로 해 볼까?

–어떤 모양이 찍혀졌니?

–다른 색깔로도 찍어볼까?

④ 건조대에서 그림을 말린다.

참고사항

- 다양한 크기와 질감의 종이(예 도화지, 화선지, 기름종이, 종이타올)를 준비해 준다.

활동 3

신문지 물감칠하기

대 상 2세 영아

활동목표

- 신문지 글자부분에 물감을 칠해 본다.
- 다양한 굵기의 선을 그려본다.
- 신문지에 색칠하며 성취감을 느낀다.

활동자료 신문지, 테이프, 포스터컬러 물감, 다양한 크기의 붓

준비사항 신문지를 책상 위에 놓고 테이프를 붙여 고정한다.

활동방법

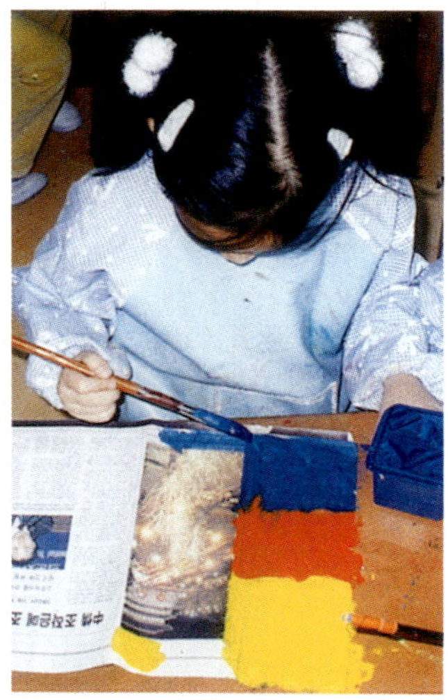

① 신문지를 살펴본다.
- 이게 무얼까? 신문이지?
- 어디서 본 적이 있니?
- 글씨가 많이 쓰여 있지?

② 신문지 글씨를 보이지 않게 하는 방법을 생각해 본다.
- 어떻게 하면 이 글씨들이 보이지 않게 할 수 있을까?
- 무엇을 칠하면 글씨를 지울 수 있을까?

③ 붓에 물감을 묻혀 신문지의 글씨만을 칠한다.
- 어떤 색깔의 물감으로 칠할까?
- 더 굵은 붓으로 색칠해 볼까?
- 이번에는 얇은 붓으로 색칠해 보자.

④ 물감을 다 칠한 다음 말린다.
- 신문지에 물감을 칠하니까 어떻게 되었니?
- 글씨가 다 어디로 갔을까?

참고사항

- 물감이 흘러내릴 수 있으므로 수평을 유지한 채 그대로 펼쳐서 말린다.

활동 4 분무기로 벽화 그리기

대상 2, 3세 영유아

활동목표

- 물감을 뿌려 면을 구성해 본다.
- 자연스럽게 물감이 흐르는 것을 감상한다.
- 다양한 색의 혼합을 경험한다.

활동자료 물감이 담긴 분무기, 물감, 전지, 신문지

준비사항

- 벽에 전지 크기의 종이를 붙이고 바닥에 신문지를 깔아놓는다.

활동방법

① 분무기에 물을 넣고 사용법을 설명한다.

– 이건 분무기라고 하는데, 이 안에 무엇이 있을까

– 힘껏 눌러보자.

– 와~ 물이 팍 나오네.

② 분무기에 물감을 넣고 뿌려서 색깔을 비교한다.

– 종이 위에 물을 뿌려보자.

– 어떤 색 물이 나왔니?

– 세게, 빠르게 뿌려보자. 물감이 어떻게 나오니?

③ 분무기로 물을 뿌려서 다양한 색깔과 무늬를 만들어본다.

– ○○야, 이번에는 다른 색깔의 물을 뿌려보자.

– 어떤 무늬가 생겼니?

– 물감이 흘러내리네.

– 색이 섞여 다른 색이 되었네

활동 5 빵과 과자 만들기

대 상 3, 4세 유아

활동목표

- 손의 조절능력을 발달시킨다.
- 창의적 구성력을 발달시킨다.
- 심미감과 정서적 안정감을 느낀다.

활동자료 밀가루반죽, 찍기 틀, 포크, 칫솔

준비사항 밀가루에 물을 부어 반죽한 후 식용색소(당근즙, 시금치즙, 비트즙)를 넣는다.

활동방법

① 준비된 자료를 탐색하며 빵과 과자 만들기를 제안한다.
 - 무엇이 준비되어 있니?
 - 무엇을 만들면 좋을까?

② 밀가루반죽을 주무른다.
 - 어떻게 반죽해 볼까?
 - 주무르니까 느낌이 어떠니?

③ 밀가루반죽을 적당한 크기로 떼어 빵과 과자의 형태를 만든다.
 - 어느 정도의 크기로 만들까?
 - 어떤 모양으로 만들까?

④ 찍기 틀이나 포크, 칫솔 등으로 빵과 과자에 장식한다.
 - 칫솔로 두드려 보면 어떤 무늬가 생길까?
 - 찍기 틀로 찍으니까 무슨 모양이 만들어졌니?
 - 포크로는 어떤 무늬를 만들 수 있니?

참고사항

- 과자 상자에 밀가루반죽을 담아 생일 케이크를 만들어본다. 나뭇잎이나 꽃잎 등을 이용해 케이크를 장식한다.
- 만든 빵과 과자를 이용하여 제과점놀이를 한다.

활동 6

주걱 인형

대 상 3, 4세 유아

활동목표

- 주걱으로 인형을 꾸며본다.
- 다양한 재료를 사용하여 자신만의 인형을 만든다.
- 창의적 표현력을 발달시킨다.

활동자료 주걱, 부직포, 색종이, 가위, 모형 눈, 풀이나 접착제, 레이스, 털실, 유성 사인펜

활동방법

① 주걱을 살펴본다.
 – ○ ○야, 이게 무얼까?
 – 어디에 사용하니?

② 주걱으로 만들 수 있는 것에 대해 생각해 본다.
 – 주걱으로 무엇을 만들어 볼까?

③ 주걱으로 인형을 만들어 보기로 한다.
 – 주걱으로 인형을 만들려면 무엇이 필요하니?
 – 어떻게 만들 수 있을까?
 – 주걱의 어디를 얼굴로 할까?

④ 다양한 재료를 이용하여 주걱에 얼굴 모양을 꾸민다.
 – 눈, 코, 입은 어떻게 만들까?
 – 머리는 어떤 모양으로 할까?
 – 눈은 어디에 붙일까?

참고사항

- 다양한 재료로 재미있는 표정을 만들어본다.
- 동물이나 꽃, 여러 나라의 탈 모양 등 다양한 주제로 주걱 꾸미기를 한다.
- 숟가락, 포크 등으로 얼굴 모습을 꾸며본다.

활동 7 손바닥 수족관

대 상 4, 5세 유아

활동목표

- 수족관에 사는 바다 생물의 종류와 특징에 대해 관심을 갖는다.
- 손바닥 모양으로 바닷속을 표현한다.
- 협동하여 완성한 작품을 감상한다.

활동자료 전지, 크레파스, 물감 접시, 조개나 소라 껍데기, 돌멩이, 접착제, 투명 비닐(전지 크기), 매직펜, 투명 테이프, 붓, 물수건

준비사항

- 전지를 벽에 붙여 놓는다.
- 커다란 접시에 물감을 풀어서 손바닥으로 물감을 찍을 수 있게 준비한다.

활동방법

① 5~6명 유아를 소집단으로 구성하여 수족관에 대해 이야기를 나눈다.

- 수족관에는 어떤 동물들이 살고 있을까?
- 또 어떤 것들이 있니?

② 수족관에 어떤 생물을 표현할지 계획한다.

- 손바닥 찍기로 오징어, 물고기를 표현할 수 있을까?
- 수족관처럼 보이게 하려면 무엇이 필요하니?

③ 전지에 손바닥 물감 찍기를 한 후 마르면 그림을 그려서 수족관을 꾸민다.

- 이 그림은 무엇 같으니?
- 물고기는 어떻게 표현하면 좋겠니?
- 미역과 해초 등 바다 식물은 어떻게 그릴까?
- 지느러미와 눈을 그려줄까?
- 바닷속 같이 보이려면 무슨 색 물감을 칠할까?

④ 조개나 소라 껍데기, 돌멩이 등을 투명 테이프나 접착제로 붙인다.

- 수족관 안에는 또 어떤 것들이 있을까?
- 조개는 어디에 놓을까?

－어떻게 붙일까?

⑤ 전지에 비닐을 덮고 투명 테이프로 붙여서 수족관을 만든다.

－비닐을 덮으니까 무엇 같으니?

－수족관 속의 바다 생물들이 어떻게 보이니?

⑥ 수족관을 벽에 전시하여 감상한다.

－친구들과 함께 만든 수족관의 어디가 가장 마음에 드니?

－이 물고기는 누가 만들었니?

참고사항

- 사전활동으로 수족관 견학을 다녀와서 활동한다.
- 비닐지 대신에 파란색 셀로판지를 붙여서 수족관을 표현할 수 있다.
- 해초나 미역 등은 색종이를 이용하여 만들어 붙이거나 실물을 그대로 붙일 수 있다.
- 어항을 이용하거나 실외 건물 벽에 야외 수족관을 꾸며본다.
- 하루에 완성하기 어려우므로 2～3일 정도 작업하게 한다.
- 조개나 소라 껍데기는 깨끗이 씻어 말려서 사용한다.

활동 8

간판 만들기

대상 4, 5세 유아

활동목표

- 동네에서 보았던 간판을 만들어본다.
- 간판을 만들며 간판에 필요한 그림과 문자를 오려본다.
- 창의적 구성력을 발달시킨다.

활동자료 잡지, 마분지, 발광 색상지, 우드락, 스티로폼 접시, 매직펜, 풀, 가위

활동방법

① 주변에서 본 간판에 대해 이야기를 나눈다.
 - 어떤 간판을 보았니?
 - 간판에는 무엇이 쓰여 있니?
 - 간판이 왜 필요할까?

② 간판 만드는 방법을 생각해 본다.
 - 무슨 간판을 만들어 볼까?
 - 어떻게 하면 간판을 효과적으로 만들 수 있을까?
 - 무엇으로 만들면 좋을까?

③ 마분지에 잡지의 그림을 오려 붙이거나 가게 이름을 써서 간판을 만든다.
 - 장난감 파는 가게를 알리려면 어떤 그림을 오려 붙이면 좋을까?
 - 가게 이름을 무엇이라 지을까?
 - 전화번호는 어디에 붙일까?

④ 우드락이나 스티로폼 접시에 붙여서 간판을 완성한다.
 - 간판을 보니까 어떤 느낌이 드니?
 - 무엇을 파는 곳 같으니?

참고사항

- 간판을 천장에 매달거나 이젤 위에 세워 놓는다.
- 간판을 붙이고 가게놀이를 해 본다.

활동 9

종이컵 나무

대 상 4, 5세 유아

활동목표

• 손의 조절능력을 발달시킨다.
• 종이컵을 이용해서 입체 구성력을 발달시킨다.
• 작업하는 과정에서 즐거운 마음을 가진다.

활동자료 종이컵 3개, 색 솜, 빨대, 색종이, 리본, 반짝이 줄, 가위, 풀, 접착제, 지점토

활동방법

① 종이컵을 이용하여 나무를 만들어 보기로 한다.
 – 종이컵으로 어떻게 나무를 만들 수 있을까?
② 종이컵 2개를 그림과 같이 오린다. 오린 부분을 밖으로 말아서 나무를 만든다.
 – 어떻게 오릴까?
 – 나무처럼 만들려면 어떻게 해야 할까?
 – 무슨 모양이 되었니?

종이컵 나무 오리기 종이컵 나무 포개기

③ 지점토를 손으로 굴려서 공 2개를 만든다.
 – 지점토를 손으로 굴리니까 어떤 모양이 되었니?
④ 지점토 공을 종이컵 사이에 놓고 종이컵을 포개 쌓아서 키가 큰 나무를 만든다.
 – 종이컵을 포개어 놓으니까 어떤 모양이 되었니?
⑤ 종이컵 나무를 다양한 자료로 장식한다.
 – 무엇으로 장식할까?
 – 색 솜을 어디에 붙일까?

참고사항

• 유아가 만든 종이컵 나무는 쌓기놀이에서 사용할 수 있다.

활동 10 가장행렬 퍼포먼스

대 상 5세 유아

활동목표

- 역할 분장을 하면서 상상력과 창의성을 발달시킨다.
- 역할 분장에 필요한 소품을 만든다.
- 가장행렬을 하면서 성취감과 즐거운 마음을 가진다.

활동자료 각종 종이류(색종이, 전지, 도화지, 골판지 등), 보자기, 여러 가지 옷, 모자, 크레파스, 여러 가지 폐품들(요플레 통, 음료수 병, 빈 상자 등), 접착제, 투명 테이프, 가위, 다양한 모양의 스티커

활동방법

① 우리 동네에서 볼 수 있는 직업 특징에 대해 이야기를 나누며 가장행렬을 계획한다.
  - 어떤 주인공이 되고 싶니?
  - 어떤 직업을 갖고 있는 사람이 되고 싶니?
  - 무엇이 필요할까?
  - 어떻게 분장해 볼까?

② 여러 가지 자료로 직업에 관련된 소품을 만든다.
  - 의사를 꾸미려면 어떤 소품이 있어야 하니?
  - 우체부 아저씨 가방은 어떻게 만들까?
  - 청소부 아저씨 빗자루는 무엇으로 만들까?

③ 소품을 이용하여 여러 직업을 갖고 있는 사람들로 분장한다.
  - 커다란 보자기로 어떻게 꾸밀 수 있을까?

④ 분장한 유아들이 음악에 맞춰 행진한다.
  - 기분이 어떠니?
  - 누구로 분장한 것일까?

참고사항

- 어린이날 야외에서 실시하면 효과적이다

활동 11

화가 초빙하기

대 상 5세 유아

활동목표

- 화가가 하는 일에 관심을 갖는다.
- 화가가 사용하는 재료와 도구에 대해 알아본다.
- 작업과정을 관찰하며 미적 감각을 기른다.

활동자료 이젤, 물감, 붓, 팔레트, 물통, 도화지, 기타 작업에 필요한 미술 재료와 도구

준비사항 화가가 작업할 수 있는 공간을 마련해 놓고 이젤과 작업에 필요한 미술 재료와 도구를 준비해 놓는다.

활동방법

① 화가를 소개한다.
- 무슨 일을 하실까?
- 무엇을 보고 알 수 있니?

② 화가와 그림 그리는 데 필요한 미술 재료와 도구에 대해 이야기를 나눈다.
- 그림을 그리려면 어떤 것들이 필요할까?
- 팔레트는 무엇을 하는 것일까?

③ 화가는 그림을 그리고 유아들은 관찰한다.
- 어디에 그림을 그리니?
- 무엇을 그리는 것일까?
- 어떤 색깔의 물감을 많이 사용했니?

④ 유아들이 화가의 그림에 제목을 붙이고 설명을 듣는다.
- 어떤 느낌이 드니?
- 제목을 무엇이라 하면 좋을까?
- 어떤 생각이 담겨 있을까?

참고사항

- 초빙된 화가가 유아들의 그림 그리는 것을 지도해 준다.

활동 12 재미있는 놀이터 꾸미기

대 상 5세 유아

활동목표

- 상상 속의 놀이 기구를 만든다.
- 그림으로 그린 놀이 기구를 입체적으로 구성해 본다.
- 여러 명이 협동하여 구성한다.

활동자료 도면지, 연필, 여러 가지 상자, 골판지, 음료수 통, 수수깡, 이쑤시개, 모루, 플라스틱 블록, 블록 소품(나무, 울타리), 풀, 투명 테이프, 가위

준비사항 실외에 놀이터를 꾸밀 만한 넓은 공간 바닥에 골판지를 깔아 놓는다.

활동방법

① 4~6명의 유아가 도면지에 연필로 그림을 그려 재미있는 놀이터를 설계한다.

-어떤 놀이 기구를 만들어 볼까?

-무엇이 있으면 좋겠니?

② 다양한 재료를 이용하여 유아들이 놀이 기구를 만든다.

-미끄럼틀은 어떤 모양으로 만들까?

-시소는 무엇으로 만들까?

-그네가 어떻게 달라지면 더 재미있을까?

③ 설계도를 보면서 놀이 기구들을 바닥에 적절히 배치한다.

-그네는 어디에 있으면 좋겠니?

-모루로 만든 정글짐은 어디에 놓을까?

④ 블록 소품으로 놀이터를 꾸민다.

-놀이 기구 이외에 또 무엇이 있었으면 좋겠니?

-벤치 옆에는 무엇을 놓을까?

-놀이터 이름을 지어볼까?

제4장

동·식물과 자연

활동 1

꽃 모양 찍기

대 상 1세 영아

활동목표

- 스펀지로 찍은 무늬의 아름다움을 느낀다.
- 다양한 색과 모양을 경험한다.
- 자유롭게 표현하는 경험을 한다.

활동자료 스펀지, 물감, 그릇, 종이,

활동방법

① 영아와 함께 준비된 자료를 살펴본다.

 – 이건 뭘까?

 – 스펀지라고 하는데, 손으로 눌러보자.

 – 말랑말랑하지?

 – 이 그릇에는 빨간색 물감이 있네.

② 스펀지에 물감을 묻혀서 마음대로 종이에 찍어본다.

 – 스펀지에 물감을 묻혀보자.

 – ○○는 파란색 물감을 묻혔네.

 – 종이에 찍어볼까?

③ 여러 색깔로 찍어서 알록달록 무늬를 만든다.

 – ○○는 스펀지로 많이 찍었네.

 – 파란색 꽃, 노란색 꽃, 알록달록 꽃 모양이 생겼네.

 – 예쁜 꽃이 피어난 것 같다.

참고사항

- 옷에 물감이 묻지 않도록 작업복을 입히고 활동을 한다.
- 활동이 끝나면 손을 깨끗이 씻게 한다.

활동 2 나비 만들기

대 상 1, 2세 영아

활동목표

- 물감을 눌러 찍어 나비를 만들어본다.
- 상상력과 창의력을 발달시킨다.
- 여러 가지 물감을 섞어 나온 무늬를 감상한다.

활동자료 나비 형태의 도화지, 물감, 빨대, 비닐 테이프

준비사항
- 좌우대칭의 나비 모양 종이를 준비한다.
- 물감은 영아가 짜기 쉬운 튜브 형태로 준비한다.

활동방법

① 반으로 접혀 있는 나비 모양의 종이를 영아에게 보여준다.
- ○ ○야, 종이를 펴보자. 무슨 모양이니?
- 와~ 나비 같구나.

② 물감을 종이 한쪽 면에 떨어뜨린 후 다른 면을 덮고 손으로 문지른다.
- 여기 있는 물감으로 나비를 예쁘게 꾸며보자.
- 어떤 색 물감을 짜볼까?
- 이제 종이를 덮고 손으로 문질러보자.
- 접은 종이를 펼치면 어떤 무늬가 생길까?

③ 종이를 펴본다.
- ○ ○야, 물감을 문지르니까 어떤 그림이 나타났니?
- 종이 양쪽에 똑같은 그림이 생겼네.

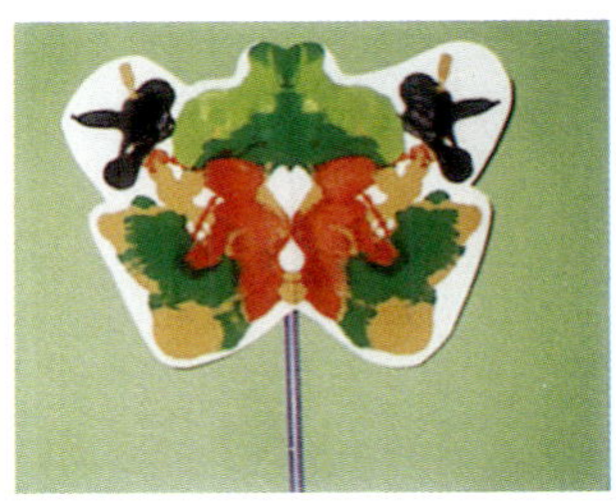

④ 종이 뒷면에 빨대를 테이프로 고정해 준다.
- 선생님이 빨대를 붙여 줄게.

⑤ 빨대를 잡고 나비를 이리저리 움직이는 놀이를 한다.
- 나비가 훨훨 움직이네.

참고사항

- 꽃병이나 항아리에 다발로 꽂아서 전시한다.

활동 3

자연물 붙이기

대 상 2세 영아

활동목표

- 주변의 식물에 관심을 갖는다.
- 말린 식물을 이용하여 창의적인 구성을 해 본다.
- 식물의 형태와 색의 아름다움을 감상한다.

활동자료 다양한 자연물(나뭇잎, 도토리 등), 풀, 테이프, 종이, 크레파스

활동방법

① 영아들과 함께 실외에서 여러 가지 자연물을 찾아서 수집한다.

– 여기 노란색 은행잎이 떨어져 있네.

– 나뭇잎을 모아보자.

② 모아온 자연물을 보면서 형태, 색, 촉감에 대해 이야기를 나눈다.

– 이 나뭇잎은 어떤 모양이니?

– 비슷한 색깔을 갖고 있는 나뭇잎은 어디 있니?

– 이건 도토리야.

③ 풀이나 테이프를 사용해서 종이에 자연물을 붙인다.

– 나뭇잎을 종이에 어떻게 붙일까?

– 이 나뭇가지는 어디에 붙이면 좋을까?

④ 크레파스로 그림을 그려 마무리한다.

– 여기에 크레파스로 꽃을 그릴까?

참고사항

- 교사가 종이에 큰 나무줄기를 그려주고 나뭇잎을 붙이게 할 수 있다.

활동 4 풍선 문어 만들기

대 상 2, 3세 영유아

활동목표

- 눈과 손의 협응력 및 소근육 발달을 돕는다.
- 입체 구성력을 발달시킨다.
- 친구들의 작품을 감상하는 경험을 한다.

활동자료 풍선, 색종이, 모형 눈, 풀, 사인펜, 매직펜, 테이프, 낚싯줄

활동방법

① 준비한 재료를 탐색하며 문어 만드는 방법을 생각해 본다.
- 이것으로 어떤 동물을 만들 수 있을까?
- 풍선을 부니 점점 커지네. 어떤 동물을 닮았니?
- 문어를 만들려면 다리가 필요하겠지?
- 풍선으로 문어의 어느 부분을 만들까?

② 풍선을 입으로 불어서 부풀린 후에 묶는다.
- 바람이 안 빠지게 하려면 어떻게 할까?

③ 풍선에 사인펜이나 매직펜으로 문어 얼굴을 그린다.
- 어떤 얼굴 모습을 그릴까?
- 눈은 어디에 붙일까?

④ 색종이를 길게 찢어 붙여서 문어 다리를 만든다.
- 다리를 어디에 붙일까?

⑤ 낚싯줄로 천장에 매달고 함께 감상한다.

참고사항

- 낚싯줄의 길이를 조절하여 다양한 높낮이로 매단다.
- 풍선 대신에 스티로폼 컵라면 용기나 비닐봉지를 활용할 수 있다.

활동 5 새 둥지 만들기

대 상 3, 4세 유아

활동목표

- 점토를 이용해 새 둥지를 꾸며본다.
- 자연에서 예술적 요소를 탐색하고 호기심을 가진다.
- 색종이로 새를 만들어본다.

활동자료 찰흙, 나뭇가지, 나뭇잎, 풀, 색종이, 스티로폼 공, 활동 순서 카드

〈새 접기 : 활동 순서 카드〉

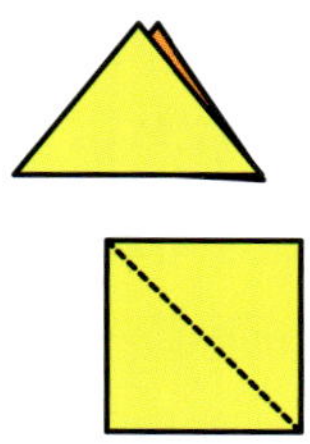

① 색종이를 삼각형으로 접었다 편다.

② 중심선 안쪽으로 접어서 마름모 모양을 만든다.

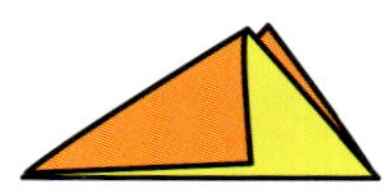

③ 중심선을 뒤로 꺾는다.

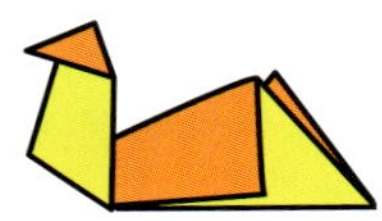

④ 색종이를 위로 꺾어 접어서 새를 완성한다.

준비사항

- 공원을 산책하면서 나뭇가지에 있는 새 둥지를 관찰한다.
- 새 둥지를 만들 나뭇가지나 나뭇잎, 풀 등을 수집한다.

활동방법

① 찰흙으로 새 둥지를 만들어 보도록 한다.
  – 새 둥지는 어떤 모양이었니?
  – 찰흙을 둥그렇게 만들려면 어떻게 해야 할까?

② 찰흙을 손으로 빚어서 둥지 모양을 만든다.
  – 찰흙을 주물러서 둥지 모양을 만들자.

–새가 사는 집을 얼마만큼 크게 만들까?

③ 찰흙으로 만든 둥지에 나뭇가지, 나뭇잎, 강아지풀 등을 꽂는다.

–○○야, 어떻게 하면 새 둥지처럼 만들 수 있을까?

–나뭇가지를 어디에 꽂을까?

–새 둥지를 푹신하게 해 주려면 어떻게 해야 할까?

④ 그늘에 잘 말린다.

–새 둥지가 마르니까 어떻게 되었니?

⑤ 활동 순서 카드를 보며 새를 접는다.

–어떤 순서로 접어야 할까?

–어떤 모양이 되었니?

–새를 몇 마리 접을까?

⑥ 색종이로 접은 새와 스티로폼 공을 둥지에 놓는다.

–새알은 무엇으로 할까?

–둥지 안에 있는 새와 새알을 보니까 어떤 느낌이 드니?

–무엇을 하는 것 같으니?

참고사항

- 달걀껍데기 안에 솜을 넣어 부화하는 새를 만들어서 새 둥지 안에 함께 넣는다.

활동 6

동물 집 직조하기

대 상 3, 4세 유아

활동목표

- 눈과 손의 협응력 및 소근육 발달을 돕는다.
- 직조의 기본 기술을 습득한다.
- 성취감을 느낀다.

활동자료 작은 상자, 리본이나 끈, 동물 인형

준비사항

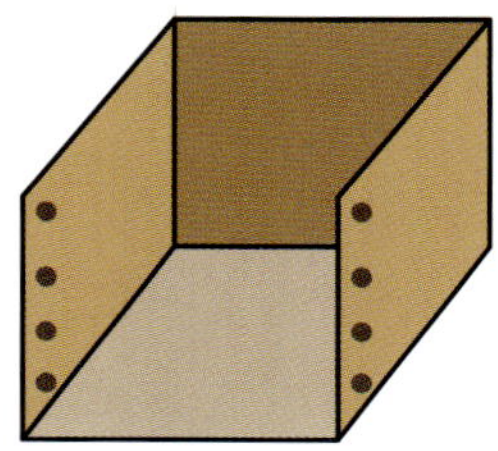

- 상자의 한쪽 옆면과 윗면을 잘라낸다.
- 상자의 옆면에 펀치로 구멍을 뚫는다.
- 구멍에 넣기 쉽도록 리본 끈의 한쪽 끝을 투명 테이프로 감아 놓는다.

활동방법

① 상자와 리본 끈을 탐색하며 동물의 집을 만들도록 제안한다.
 – 왜 상자에 구멍이 있는 것일까?
 – 리본 끈으로 상자의 구멍을 엮으려면 어떻게 해야 할까?
 – 동물 집을 어떻게 만들까?

② 리본 끈을 구멍에 끼우며 상자의 옆면을 직조한다.
 – 리본 끈을 어느 구멍에 넣을까?
 – 리본 끈이 어떻게 되었니?

③ 마지막 구멍에서 매듭을 짓고 동물 인형을 상자 안에 넣는다.
 – 무엇처럼 되었니?
 – 여기에 어떤 동물을 넣으면 좋겠니?

참고사항

- 플라스틱 바늘에 털실을 끼워 직조할 수도 있다.

활동 7 잎 물들이기

대 상 3, 4세 유아

활동목표

- 식물의 색에 관심을 갖는다.
- 여러 가지 식물로 천연 염색을 한다.
- 식물로 물들인 색의 아름다움을 감상한다.

활동자료 나뭇잎, 꽃잎, 도화지, 나무망치, 흰색 헝겊 조각

활동방법

① 나뭇잎과 꽃잎을 짓눌러 보며 관찰한다.
- 손톱으로 짓눌러 보니까 어떤 색이 나왔니?
- 빨간 꽃잎에서는 빨간색 물이 나오네.

② 나뭇잎과 꽃잎으로 물을 들이자고 제안한다.
- 어떻게 즙이 나오게 할 수 있을까?

③ 나뭇잎과 꽃잎을 종이 위에 놓는다.
- 어떤 모양으로 놓아볼까?

④ 흰색 헝겊 조각을 덮은 후 나무망치로 살살 두드리며 물을 들인다.
- 어떻게 될까?
- 무슨 색이 나올까?

⑤ 헝겊을 들춰내서 어떻게 물이 들었는지 살핀다.
- 무슨 색깔로 물이 들여졌니?
- 어떤 색깔이 나왔니?
- 어떤 부분의 색깔이 마음에 드니?

참고사항

- 나뭇잎과 꽃잎은 싱싱한 것으로 수집하며, 일부러 꺾거나 뽑지 않도록 한다.

활동 8 동물 가면 만들기

대상 4, 5세 유아

활동목표

- 동물의 특징을 알고 가면을 만든다.
- 상상력과 창의성을 발달시킨다.
- 이야기 꾸미기 능력 및 표현력을 발달시킨다.

활동자료

- 종이 접시, 마분지, 색종이, 신문지, 모형 눈, 수수깡, 면봉, 모루, 사인펜, 가위, 접착제

활동방법

① 동물 가면을 만드는 방법에 대해 이야기한다.
  - ㅇㅇ야, 만약에 네가 사자로 변장하려면 어떻게 해야 할까?
  - 뿔이 있는 사슴이 되려면 어떻게 변장을 할까?

② 동물 가면을 만들어 보기로 한다.
  - 어떤 동물의 가면을 만들까?
  - 무엇이 필요하니?

③ 종이 접시나 마분지로 동물 가면을 만든다.
  - 마분지로 토끼 가면을 만들려면 어떻게 할까?
  - 어떤 모양의 얼굴이 되었니?

④ 색종이를 찢어 붙이거나 수수깡으로 뿔을 만들어 동물 가면을 꾸민다.
  - 사슴의 뿔은 무엇으로 만들까?

⑤ 사인펜으로 동물의 표정을 그린다.
  - 곰의 입을 어떤 모습으로 그릴까?

⑥ 완성된 동물 가면을 쓰고 이야기 꾸미기를 한다.
  - 곰 인형이 어떻게 보이니?
  - 무슨 말을 하고 싶을까?

참고사항

- 유아들이 머리에 쓸 수 있도록 동물 가면에 고무줄을 끼워 준다.
- 가면의 눈부분은 교사가 가위로 구멍을 내주어서 유아가 가면을 쓰고도 잘 볼 수 있게 해 준다.
- 그림책에 나오는 동물 가면을 만들어 극 놀이 소품으로 활용한다.
- 봉제 동물 인형에 가면을 씌워서 다른 동물로 변형시켜 본다.

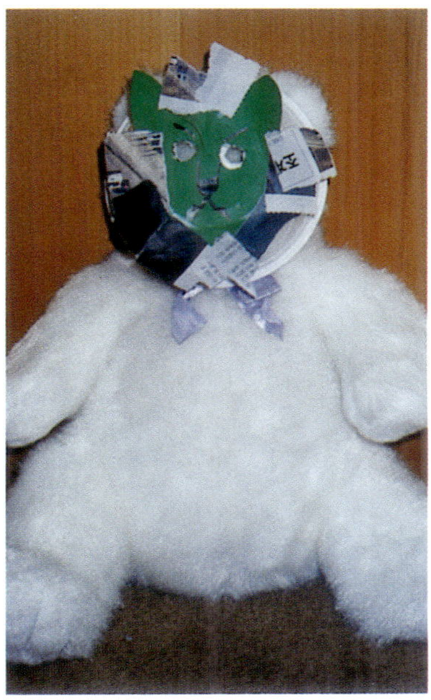

활동 9

상어 만들기

대 상 4, 5세 유아

활동목표

- 사물을 다양한 방법으로 활용하는 창의성을 기른다.
- 은박지를 다루며 소근육이 발달한다.
- 입체 구성물에 그림을 그려본다.

활동자료 신문지, 마분지, 고무줄, 투명 테이프, 은박지, 매직펜, 활동 순서 카드

〈상어 만들기 : 활동 순서 카드〉

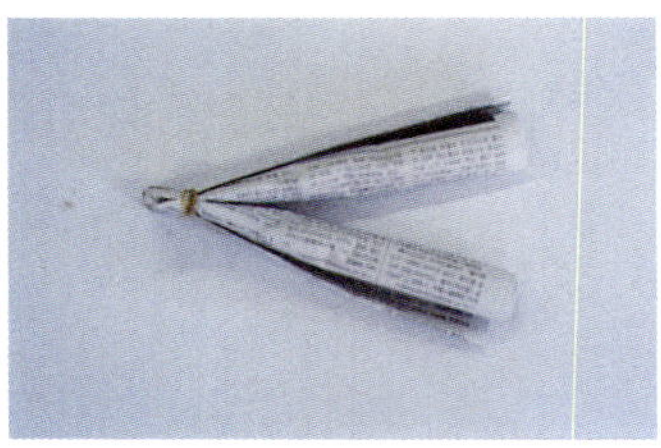

① 신문지를 말아 접은 후 고무줄로 감는다.

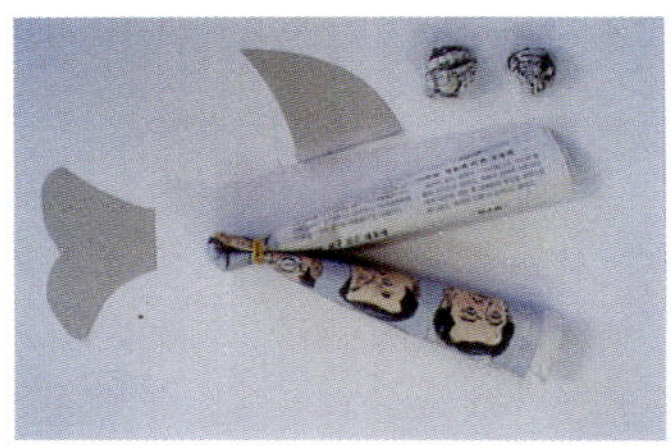

② 마분지로 만든 지느러미를 붙인다.

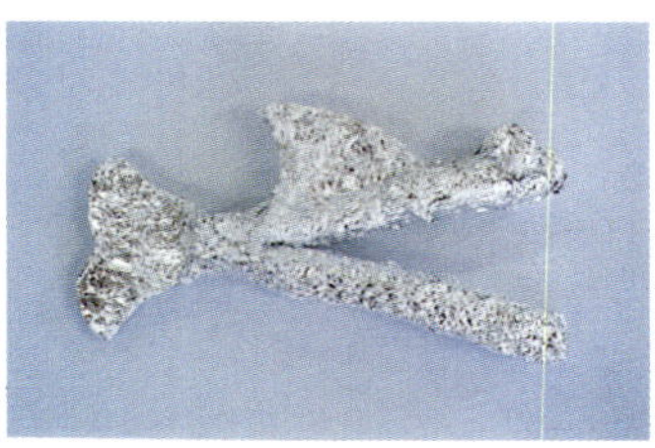

③ 은박지로 감싸며 형태를 만든다.

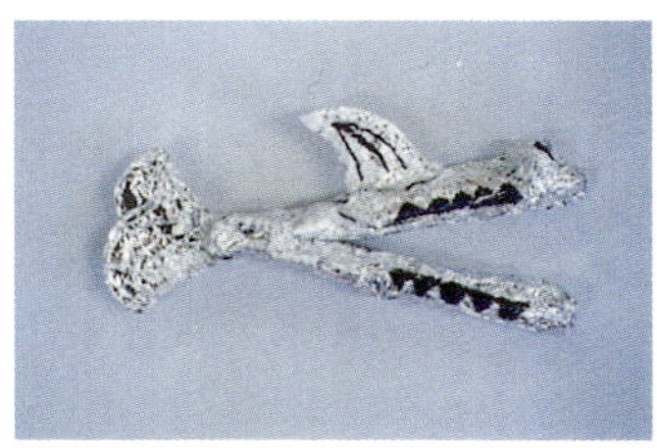

④ 매직펜으로 눈, 이빨, 지느러미를 그려 완성한다.

활동방법

① 활동 순서 카드를 보며 상어 만드는 방법을 생각해 본다.
- 상어는 어떻게 생겼니?
- 무엇으로 상어를 만들 수 있니?
- 어떤 순서로 만들까?

② 활동 순서 카드를 보면서 상어를 만든다.
- 신문지를 돌돌 말으니까 어떤 모양이 되었니?
- 고무줄을 어디쯤 감을까?
- 지느러미는 어디에 붙일까?
- 은박지로 싸니까 어떻게 보이니?

③ 매직펜으로 그림을 그려서 상어를 꾸민다.
- ○○야, 눈은 어떤 모습으로 그릴까?
- 이빨은 어떻게 생겼니?
- 지느러미에는 어떤 무늬를 그릴까?

④ 다른 유아가 만든 상어를 감상한다.
- 누가 만든 상어가 가장 무섭게 생겼니?

참고사항

- 은박지로 상어 모형을 싼 다음 손으로 꼭꼭 누르며 모양을 잡도록 한다. 이때 지느러미가 구겨지지 않게 조심한다.
- 은박지 대신에 종이 찰흙을 붙여서 상어를 완성할 수도 있다.

활동 10 뭐든 먹는 불가사리

대상 4, 5세 유아

활동목표

- 상상력과 창의성을 발달시킨다.
- 입체 구성력을 기른다.
- 다른 사람의 작품을 감상하는 능력을 기른다.

활동자료 그림책『불가사리』, 불가사리 뼈대, 은박지, 쇠붙이(클립, 옷핀, 못, 열쇠 등), 수수깡, 단추, 색종이 조각, 접착제, 유성 매직펜

준비사항

- 철사를 구부려 다양한 형태의 불가사리 뼈대를 만들어 놓는다.
- 그림책『불가사리』를 읽은 후, 불가사리의 특징에 대해 이야기를 나눈다.

활동방법

① 그림책 내용을 회상하고 재료를 살펴본다.
- 그림책에서 어떤 불가사리가 나왔었지?
- 어떤 모양의 불가사리를 만들까?
- 이 뼈대를 가지고 불가사리를 꾸며보자.

② 철사로 만든 뼈대를 은박지로 감싸며 불가사리의 몸을 만든다. 손으로 철사를 구부리며 다양한 모양을 만든다.
- 무엇으로 불가사리 몸을 만들까?

③ 클립, 옷핀, 못, 열쇠 등의 쇠붙이와 수수깡, 단추, 색종이 조각을 붙인다. 유성 매직펜으로 색칠하여 불가사리를 꾸민다.
- 불가사리를 어떻게 꾸밀까?
- 불가사리가 무엇을 먹었다고 상상해 볼 수 있을까?

④ 완성된 불가사리를 전시하여 다른 유아들과 함께 감상한다.
- 어떤 모습을 하고 있니?

참고사항

- 그림책 속의 불가사리는 쇠붙이를 먹는 상상의 동물이다.

활동 11

꽂꽂이

대상 5세 유아

활동목표

- 여러 가지 식물로 꽂꽂이를 해 본다.
- 꽂꽂이를 하며 창의적 구성력을 발달시킨다.

활동자료 다양한 식물(나뭇가지, 풀, 꽃, 솔방울 등), 플라스틱 용기(라면 용기 또는 화분 받침), 모래, 분무기

준비사항 실외 놀이 시간에 유아들과 꽂꽂이에 사용할 다양한 식물을 수집한다.

활동방법

① 수집한 다양한 식물을 관찰한다.

– 어떻게 생겼니?

– 이러한 식물을 꽂아서 어떻게 장식할 수 있을까?

② 준비된 용기에 모래를 담고 손으로 다독거린다. 분무기로 물을 뿌려 모래를 적신다.

– 모래를 어느 정도 담을까?

– 왜 물을 뿌려 모래를 적셔야 할까?

③ 모래에 여러 식물을 꽂으며 꽂꽂이를 한다.

– 어떻게 꽂을까?

– 무엇을 꽂아 볼까?

– 어떤 생각을 하며 꽂꽂이를 하니?

④ 여러 유아의 꽂꽂이를 전시한다.

– 어떤 느낌이 드니?

– 제목을 무엇이라 하면 좋을까?

참고사항

- 마분지 위에 투명 테이프로 마른 식물을 붙여서 평면적으로 구성할 수도 있다.
- 종이컵이나 우유갑으로 꽂꽂이용 용기를 만들어본다.

활동 12 물고기 만들기

대 상 5세 유아

활동목표

- 재활용품을 활용하는 능력을 기른다.
- 입체 구성력을 발달시킨다.
- 계획한 것을 완수함으로써 성취감을 느낀다.

활동자료 휴지 속대, 달걀판, 긴 우유갑, 색종이, 코팅지 조각, 모형 눈, 유성 매직펜, 가위, 풀, 접착제, 비닐 테이프, 활동 순서 카드(3가지)

〈휴지 속대로 만드는 물고기 : 활동 순서 카드〉

① 지느러미와 꼬리를 오려 휴지 속대에 붙인다.

② 매직펜으로 물고기 비늘을 그린다.

③ 눈을 그리거나 모형 눈을 붙여서 물고기를 완성한다.

〈우유갑으로 만드는 물고기 : 활동 순서 카드〉

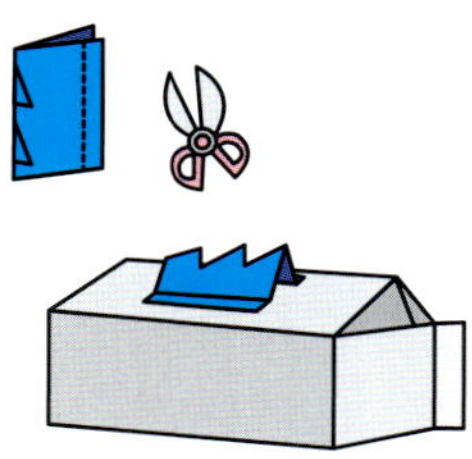

① 우유 갑에 등지느러미를 만들어 붙인다.

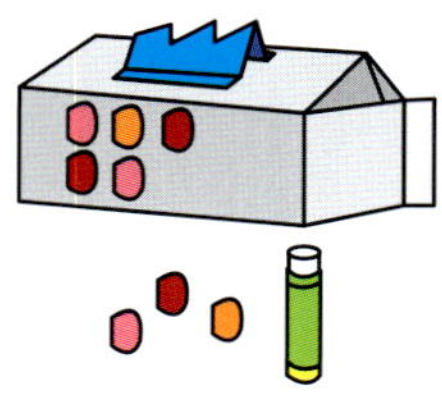

② 코팅지나 색종이로 만든 물고기 비늘을 붙인다.

③ 눈을 만들어 붙인다.

〈달걀판으로 만드는 물고기 : 활동 순서 카드〉

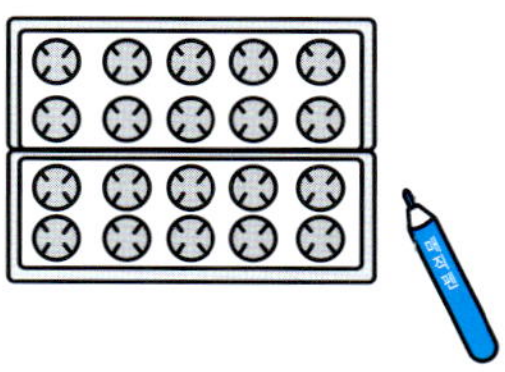

① 달걀판을 펼쳐서 유성 매직펜으로 칠한다.

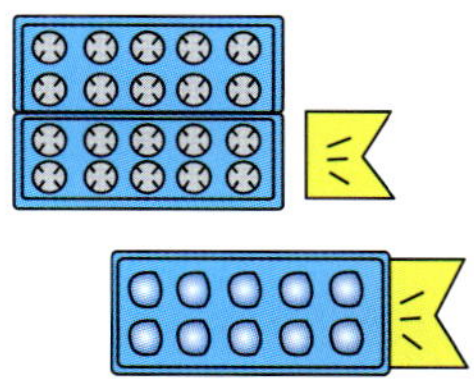

② 꼬리를 만들어 붙인 후 달걀판을 덮고 고정한다.

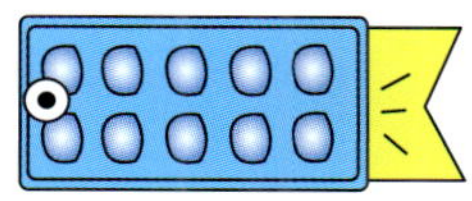

③ 모형 눈을 접착제로 붙인다.

준비사항

• 유아들이 원하는 물고기를 선택하여 만들 수 있도록 작업 책상을 3가지 활동으로 나누어 준비한다. 책상마다 활동 순서 카드와 만들기에 필요한 자료를 충분히 준비한다.

활동방법

① 재활용품을 보면서 물고기를 만드는 방법에 대해 생각해 본다.
 - 물고기를 어떻게 만들 수 있을까?
 - 무엇이 필요하니?
 - 우유갑으로도 물고기를 만들 수 있을까?

② 3가지 종류의 물고기 만드는 방법을 소개하고 유아가 원하는 책상으로 가서 앉도록 한다.
 - 어떤 물고기를 만들어 볼까?

③ 활동 순서 카드를 보며 물고기를 만든다.
 - 어떤 순서로 만들면 되니?
 - 지느러미는 어떻게 만들까?

-순서 카드와 다르게 물고기를 만들 수 있을까?

④ 다 만든 후 물고기를 함께 전시해서 감상한다.

-어떻게 전시하면 좋을까?

-물고기의 모양이 어떻게 다르니?

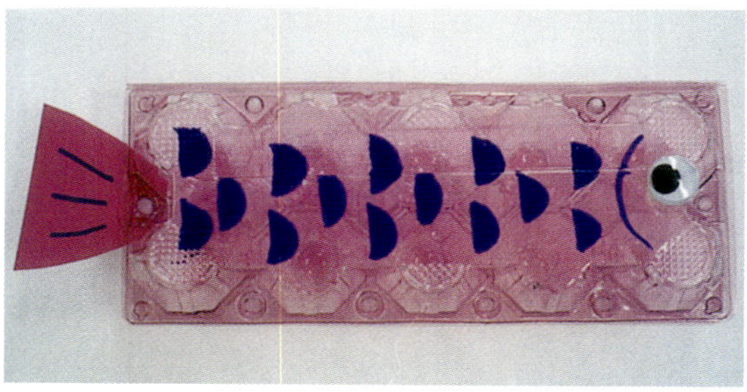

참고사항

- 모빌 형태로 전시하거나 커다란 어항 모형 또는 바닷속 풍경을 만들어서 전시할 수 있다.
- 전시할 때 비슷한 물고기끼리 모아서 전시한다.

활동 13 동물원 꾸미기

대 상 5세 유아

활동목표

- 다양한 화풍의 동물 그림을 감상한다.
- 동물의 특징을 안다.
- 협동하는 태도를 기른다.

활동자료 여러 화가의 동물 그림(뒤러의「산토끼」,「올빼미」,「코뿔소」,「해마」, 모네의「칠면조」, 제리코의「백마의 머리」,「사자의 머리」, 피카소의「황소」,「염소 조각품」사진 등), 도화지, 상자, 음료통, 휴지 속대, 페트병, 종이컵, 크레파스, 사인펜, 모루, 빵 줄, 시트지 조각, 색 솜, 털실, 가위, 풀, 투명 테이프

활동방법

① 동물 그림을 보며 동물의 특징에 대해 이야기를 나눈다.

– 이 동물은 어떻게 생겼니?

– 이 동물은 어떤 특징이 있니?

– 이름이 무엇일까?

② 동물을 어떻게 만들지 계획한다.

– 어떤 동물을 만들어 볼까?

– 무엇으로 만들면 좋겠니?

③ 다양한 자료를 이용하여 동물을 만든다.

– 털실로는 어떤 동물을 만들 수 있을까?

– 코뿔소는 무엇으로 만들면 좋을까?

④ 블록으로 동물원을 함께 만들고 유아들이 만든 여러 동물을 배치한다. 그리고 블록 소품을 이용하여 동물원을 꾸며본다.

– 사자가 있는 곳은 어떻게 만들까?

– 동물원에 필요한 것은 더 없을까?

참고사항 동물의 특성을 잘 나타낼 수 있는 자료를 선택하여 동물을 만들어본다.

활동 14 공룡 만들기

대상 5세 유아

활동목표

- 공룡에 관심을 갖고 종이죽으로 만들어본다.
- 공룡의 특징을 창의적으로 표현하는 능력을 기른다.

활동자료 풍선, 도화지, 휴지 속대, 헝겊 테이프, 종이 죽, 아크릴 물감, 붓, 활동 순서 카드

〈공룡 만들기 : 활동 순서 카드〉

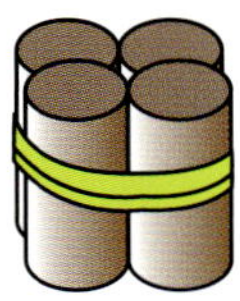

① 휴지 속대 4개를 헝겊 테이프로 감는다.

② 풍선에 휴지 속대를 붙여 공룡의 다리를 만든다.

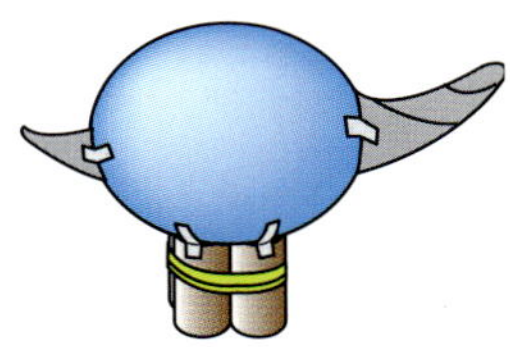

③ 도화지를 길게 말아서 만든 목과 꼬리를 붙인다.

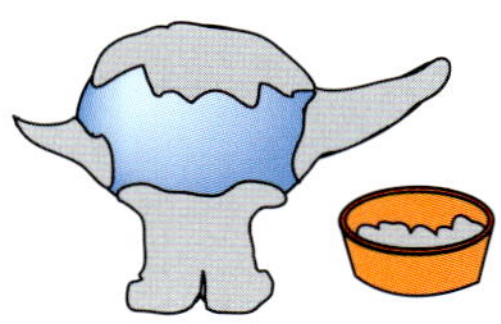

④ 종이 죽을 공룡의 몸 전체에 바른다.

⑤ 종이 죽을 덧바르며 공룡의 얼굴을 동그랗게 만든다.

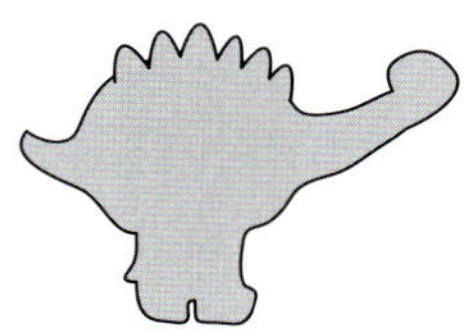

⑥ 종이 죽으로 공룡의 특징을 살려 만든다.

준비사항

- 종이 죽은 휴지를 물에 불린 후 밀가루 풀을 넣어 반죽해서 만든다.

활동방법

① 준비된 자료로 공룡 만드는 방법을 생각해 본다.

- 무엇이 준비되어 있니?
- 공룡을 어떻게 만들면 좋을까?
- ㅇㅇ는 어떤 공룡을 만들고 싶니?
- 풍선은 왜 필요할까?

② 활동 순서 카드를 살펴본다.

- 제일 처음에 무엇을 붙여야 하니?
- 도화지를 길게 말아서 어디에 붙이면 될까?
- 종이 죽을 어떻게 바를까?

③ 만들고 싶은 공룡을 정하고 작업한다.

- 공룡의 다리를 어디에 붙일까?
- 머리와 꼬리는 어떻게 만들까?
- 종이 죽을 붙이니까 어떻게 되었니?
- 초식 공룡과 육식 공룡의 모습은 어떻게 다를까?

④ 종이 죽을 바른 공룡을 건조한다.

- 종이 죽이 마르니 어떻게 되었니?

⑤ 마른 후 아크릴 물감으로 공룡의 눈과 입, 발톱을 그린다.

- 공룡 발톱을 어떻게 그릴까?
- 육식 공룡의 입은 어떻게 그릴까?
- 어떤 모양의 공룡이 만들어졌니?
- 이름을 무엇이라고 지을까?

참고사항

- 종이 죽을 이용하는 활동이므로 2~3일에 걸쳐 작업한다.
- 상품화된 종이 죽을 사용할 수도 있다.
- 휴지 속대를 붙일 때 바닥면에 수평이 되도록 균형을 맞추어 붙인다.
- 완성한 후 니스를 칠할 수도 있다.
- 신문지나 은박지를 동그랗게 구겨서 공룡 알을 만들어도 재미있다. 모래와 건초 등을 이용해서 공룡 시대의 배경을 꾸며본다.
- 유아들이 만든 공룡을 전시하여 함께 감상한다.
- 유아 5~6명이 공동작업으로 커다란 상자, 달걀판, 플라스틱 뚜껑을 활용하여 공룡을 만들 수 있다.

제5장

건강과 안전

활동 1

종이 공 만들기

대 상 1세 영아

활동목표

- 다양한 방법으로 종이를 탐색한다.
- 자신이 만든 공을 가지고 놀면서 만족감을 느낀다.
- 소근육 운동능력을 기른다.

활동자료 여러 종류의 종이(신문지, 휴지, 화지, 한지, 은박지 등), 테이프, 전지

활동방법

① 영아에게 여러 가지 종이를 보여주면서 만져보게 한다.

–여기 종이가 많이 있네.

–이건 신문지야.

–○○야, 휴지를 만져볼까? 어떤 느낌이니?

–선생님도 만져볼게. 와~ 부드럽다.

② 종이를 마음대로 구겨보게 한다.

–종이를 두 손으로 잡고 막 구겨보자.

–종이를 구길 때 어떤 소리가 나니?

③ 종이를 꽁꽁 뭉쳐서 공처럼 만든다.

–선생님이 종이를 꽁꽁 뭉쳤더니 공처럼 동그래졌네!

–○○도 공을 만들어 보자.

–선생님이 종이 공에 테이프를 붙여 줄게.

④ 종이 공을 가지고 굴리기, 바구니에 넣었다가 쏟는 놀이를 한다.

–종이 공을 굴려보자.

–종이 공을 다시 바구니에 넣어보자.

⑤ 놀이가 끝나면 전지에 종이공을 모두 붙여 감상한다.

활동 2 여러 가지 공

대 상 1, 2세 영아

활동목표

- 다양한 종류의 공에 관심을 갖는다.
- 공을 굴려 창의적 표현을 해 본다.

활동자료 여러 가지 공(골프공, 테니스공 등), 종이, 물감, 스펀지, 접시

준비사항

- 책상에 비닐을 깔아 놓는다.
- 스펀지를 접시에 놓고 물감을 부어 놓는다.

활동방법

① 여러 가지 공을 만지면서 촉감, 형태를 느껴본다.
 - 만져보니까 어떤 느낌이 드니?
 - 와~ 딱딱하지? 공은 둥근 모양이네.

② 골프공에 물감을 묻혀 종이에 찍는다.
 - 공에 물감을 묻혀 찍어 볼까?
 - 어떤 모양의 무늬가 찍혀 나오니?
 - 어떻게 해야 무늬가 잘 나올까?

③ 공을 굴려서 무늬를 만든다.
 - ○○야, 공을 굴리니까 무늬가 어떻게 나오니?
 - 무슨 그림이 그려졌니?

④ 공으로 그린 물감 그림을 건조한다.

참고사항

- 다양한 색깔의 물감 접시를 준비한다.
- 경사로와 긴 종이를 제공하고 공을 굴려 볼 수 있다.

활동 3 발바닥 찍기

대 상 1, 2세 영아

활동목표

- 음악에 맞추어 발바닥 자국을 찍어본다.
- 미술표현을 하며 몸을 움직인다.

활동자료 전지, 물감 패드, 녹음기, 다양한 음악 테이프, 발 수건

준비사항

- 발바닥을 찍을 수 있도록 커다란 플라스틱 그릇에 물감을 풀어놓는다.
- 실외 놀이터 편편한 곳에 전지 몇 장을 이어서 바닥에 붙여 놓는다.

활동방법

① 맨발을 벗은 후 발바닥에 물감을 묻힌다.
 – 발바닥에 물감이 묻으니까 느낌이 어떠니?
② 물감 묻은 발로 전지에 발바닥 모양을 찍는다.
 – 깡충깡충 뛰어볼까?
 – 어떻게 물감이 찍혔니?
③ 음악을 들으며 리듬에 맞춰 발바닥 찍기를 한다.
 – 와, 신나는 음악이다. 춤을 춰볼까?
④ 찍혀진 발바닥 모양을 살펴보며 이야기를 나눈다.
 – 이건 발바닥을 어떻게 움직이며 찍은 걸까?
 – 누구 발바닥일까?

참고사항

- 물감의 농도를 적절하게 맞추어 준다.
- 발바닥 찍기를 말린 후 크레파스로 그림을 그려 더 꾸며볼 수 있다.
- 발바닥에 물감 찍기를 기피하는 영아는 놀이전용 덧신을 신고 물감 찍기를 할 수 있다.

활동 4 반짝이는 소금 그림

대 상 2세 영아

활동목표

- 다양한 표현방법에 관심을 갖는다.
- 반짝이는 소금 그림의 아름다움을 감상한다.

활동자료 소금통, 도화지, 물감, 붓

준비사항 양념통에 소금을 담아 놓는다.

활동방법

① 준비된 자료를 보여주고, 활동을 소개한다.
 – 이 통 안에는 무엇이 있을까?
 – 물감으로 그림을 그린 다음 소금을 뿌리면 어떻게 될까?

② 종이에 물감을 묻혀 그림을 그린다.
 – 무슨 색으로 칠할까?
 – 다른 색도 칠해 볼까?

③ 양념통에 든 소금을 물감 그림 위에 뿌린다.
 – 어디에 소금을 뿌릴까?
 – 물감 그림에 소금이 떨어지니까 어떻게 되었니?

④ 그림을 말린 후 소금 그림을 감상한다.
 – 소금을 뿌린 곳이 어떻게 되었니?
 – 왜 반짝거릴까?
 – 햇빛이 비추는 곳에서 더 아름답게 반짝이네.

참고사항

- 맛소금이나 아주 고운 소금은 반짝거리는 효과가 잘 나타나지 않는다.
- 물감에 소금을 섞어 붓으로 그림을 그린 후 말려도 같은 효과를 볼 수 있다.

활동 5

점토 찍기

대 상 2, 3세 영유아

활동목표

- 점토에 자국을 내고 관찰한다.
- 주변 사물의 형태에 관심을 갖는다.
- 점토를 주무르며 소근육 발달을 돕는다.

활동자료 점토, 다양한 찍기 틀(플라스틱 뚜껑, 돌멩이, 나뭇가지, 도장)

활동방법

① 점토를 눌러 생기는 자국을 탐색한다.

– 이것이 무엇인지 기억하니?

– 손가락으로 꾹 눌러볼까?

– 주먹으로도 눌러보니 자국이 생기네?

② 다양한 찍기 틀로 점토에 자국을 만들어본다.

– 이것들을 사용하면 어떤 자국이 생길까?

– 병뚜껑을 뒤집어서도 찍어볼까?

– 나뭇가지를 눕혀서 찍어보면 어떤 자국이 생길까?

– 이쪽 면에 병뚜껑을 나란하게 여러 번 찍어 보았구나.

– 다른 쪽 면에도 돌멩이를 사용해서 자국을 만들어 볼까?

– 어디를 더 찍어보면 좋을까?

③ 완성된 점토 덩어리를 감상한다.

– 이 부분은 무엇으로 찍은 것일까?

– 나뭇가지로 찍은 부분은 어디일까?

참고사항

- 영아가 삼킬 수 없는 크기의 사물을 사용한다.

활동 6 몸으로 조각하기

대상 3, 4세 유아

활동목표

- 인체 조각품을 감상하는 기회를 갖는다.
- 조각품을 따라 하면서 창의적 표현력을 발달시킨다.

활동자료 인체 조각품 사진(드가의「오른발을 쳐다보는 댄서」, 로댕의「생각하는 사람」등)

활동방법

① 인체 조각품 사진을 보면서 이야기를 나눈다.
- 이런 것을 무엇이라고 하니?
- 누구를 만든 것일까?
- 이 조각품은 어떤 동작을 하고 있니?
- 무슨 생각을 하는 것일까?

② 조각품처럼 자세를 취해 본다.
- 어떤 자세로 서 있을까?
- 어떤 표정을 지어 볼까?

③ 몸으로 만든 조각품에 제목을 붙인다.
- 무엇을 하는 것 같니?
- 제목을 무엇이라고 할까?

참고사항

- 스카프나 바구니, 우산 등 소품을 준비해 주어 활용하도록 한다.
- 커다란 천을 뒤집어쓰고 재미있는 추상적인 조각품을 만들어본다.

활동 7 거울에 비친 내 얼굴

대 상 3, 4세 유아

활동목표

• 거울보고 그리기를 통해 자신의 모습을 인식한다.

• 선을 따라 그리는 능력을 키운다.

활동자료 거울, 마커

준비사항

• 얼굴 모습을 보고 그릴 수 있을 만한 크기의 거울을 준비한다.

활동방법

① 거울을 보며 자신의 얼굴을 탐색한다.

－거울 속에 누가 보이니?

－어떤 표정을 짓고 있니?

－어떻게 하면 재미있는 모습을 그릴 수 있을까?

② 거울을 보면서 수성 사인펜으로 얼굴 모습을 그린다.

－머리는 어떤 모양으로 그릴까?

－만약 코에 수염이 있다면?

－턱에 점이 있다면?

③ 거울에 그려진 모습에 대해 이야기한다.

－어떻게 보이니?

－어떤 표정이니?

－무엇이 달라졌니?

－누구라고 이름을 지으면 좋을까?

참고사항

• 색종이를 오려 붙이거나 아크릴 물감을 이용할 수도 있다.

활동 8 거품 그림

대 상 4세 유아

활동목표

- 거품을 묻혀 아름다운 무늬를 구성해 본다.
- 색이 겹쳐 보이는 현상에 관심을 갖는다.
- 거품을 종이에 찍으며 눈과 손의 협응력을 기른다.

활동자료 물감통(빨강, 노랑, 파랑), 빨대, 종이

준비사항

- 물감통이 엎어지는 것을 방지하기 위하며 밑면에 하드보드지를 부착하거나 테이프로 바닥에 붙여 놓는다.
- 빨대에 유아 사진을 붙여서 개별 유아용 빨대를 준비한다.

활동방법

① 물감을 빨대로 불어 생긴 거품을 탐색한다.
- 몸을 깨끗이 씻을 때 생기는 거품을 만들어 볼까?
- 이 빨대를 불면 거품이 뽀글뽀글 올라오네.
- 거품이 점점 어떻게 변하고 있니?

② 거품이 물감통 위로 올라왔을 때 종이로 무늬를 찍는다.
- 이 거품 위에 종이를 올려볼까?
- 종이에 무엇이 묻었니?
- 한번 더 거품을 만들어 찍어볼까?

③ 다른 색으로도 거품 무늬를 만들어본다.
- 빨간색으로도 거품을 만들어 무늬를 찍어볼까?

④ 완성된 거품 그림을 감상한다.
- 이 그림에는 몇 가지 색깔 거품이 사용되었을까?
- 어떤 부분은 여러 번 겹쳐 거품 무늬를 만들었구나?
- 어느 부분의 무늬가 가장 아름답다고 생각하니?

참고사항

- 종이의 재질이나 모양을 다양하게 제공한다.
- 유아들이 빨대로 물감을 들여 마시지 않도록 주의한다.

활동 9 손바닥 동물

대 상 4, 5세 유아

활동목표

- 손바닥 모습의 다양함을 인식한다.
- 동물의 특징을 이해한다.
- 창의적 구성력을 발달시킨다.

활동자료 화장 솔, 분장용 페인트, 페이스 페인팅(물감, 펜)

준비사항

- 한 유아가 다른 유아의 손바닥에 그림을 그리도록 두 명씩 짝을 지어준다.

활동방법

① 친구의 손바닥을 탐색하며 꾸미는 방법에 대해 생각해 본다.
- 손바닥을 어떻게 꾸며볼 수 있을까?
- 어떤 동물을 그림 그리면 좋을까?
- 무엇으로 그리면 좋을까?

② 손바닥에 색조 연필로 여러 가지 동물 형태를 그린다.
- 토끼를 어떤 표정으로 그릴까?
- 손바닥에 그림을 그리니까 어떤 느낌이 드니?

③ 완성된 손바닥 동물 그림을 보여주며 이야기를 만든다.
- 무슨 이야기를 꾸며볼까?
- '토끼야, 안녕!'하고 인사해 볼까?

참고사항

- 활동이 끝나면 손을 깨끗이 씻도록 한다.
- 다양한 표정의 사람 얼굴 그리기를 할 수도 있다.

활동 10 명화 배경 꾸미기

대 상 4, 5세 유아

활동목표

- 명화를 감상함으로써 풍부한 감성과 심미감을 기른다.
- 명화의 일부분을 그려보며 창의성과 상상력을 발달시킨다.

활동자료 명화(밀레의「씨 뿌리는 사람」, 쇠라의「서커스」, 마티즈의「음악」, 드가의「프리마 발레리나」등), 도화지, 크레파스, 색연필, 파스텔, 물감, 가위, 풀

준비사항

- 명화를 복사하여 주인공만 오려 놓는다.
- 여러 가지 명화를 게시판에 붙여 놓는다.

활동방법

① 명화의 주인공 그림을 보며 이야기를 나눈다.
- 무엇을 하는 그림이니?
- 어느 명화의 주인공이니?

② 주인공 그림을 도화지에 붙이고 배경을 어떻게 꾸밀지 생각한다.
- 주변에 무엇이 있으면 좋을까?
- 어떤 자료를 사용할까?

③ 준비된 자료로 주변 배경을 꾸민다.
- 어떤 배경이 어울릴까?

④ 명화와 비교하며 작품을 감상한다.
- 네가 그린 그림과 어떤 점이 다르니?

참고사항

- 바다, 도시, 또는 농촌 등 다양한 배경을 꾸며 보도록 한다.
- 상자의 4면에 명화 속 주인공들을 붙이고 여러 유아가 함께 공동작업으로 배경 꾸미기를 해 본다. 연결되는 이야기를 만들어서 표현해도 재미있다.

활동 11

손 큰 할머니의 만두 만들기

대 상 4, 5세 유아

활동목표

- 그림책 내용을 점토로 표현해 본다.
- 만두 만들기를 하며 크기와 형태개념을 발달시킨다.
- 창의적 구성능력을 기른다.

활동자료 밀가루반죽, 만두소, 밀대, 주전자 뚜껑, 소쿠리

준비사항

- 수수깡을 잘게 잘라 밀가루반죽에 섞어서 만두소를 만들어 놓는다. 이때 식용 색소도 조금 넣는다.
- 사전활동으로 그림책『손 큰 할머니의 만두 만들기』를 들려준다.

활동방법

① 그림책에 나온 손 큰 할머니의 만두를 만들어 보자고 제안한다.

－그림책에는 어떤 만두가 나왔니?

－만두를 만들려면 무엇이 필요하니?

② 밀가루반죽을 밀대로 밀어 편편하게 한다.

－밀대로 미니까 반죽이 어떻게 되었니?

③ 편편해진 밀가루반죽을 주전자 뚜껑으로 찍어내어 만두피를 만든다.

－무슨 모양이 되었니?

④ 만두피에 만두소를 넣은 후 만두를 빚는다.

－만두소는 얼마큼 넣어야 할까?

－어떤 모양의 만두를 만들까?

⑤ 여러 유아가 만든 만두를 소쿠리에 담아 비교해 본다.

－어떤 모양의 만두가 가장 맛있어 보이니?

참고사항

- 만두소의 재료를 유아들과 함께 의논하여 만들 수 있다(예 색종이, 콩, 털실).
- 만두를 이용하여 음식점놀이를 해 본다.

활동 12 맛있는 식탁 꾸미기

대 상 5세 유아

활동목표

- 몸에 건강한 음식이 있음을 안다.
- 음식 사진, 그림으로 식탁 꾸미기를 할 수 있다.
- 음식에 맞는 그릇을 만들며 상상력, 창의력을 기른다.

활동자료 다양한 색상지, 다양한 무늬의 종이 냅킨, 음식 사진이 있는 잡지나 전단지, 안전가위, 풀, 숟가락, 젓가락, 포크, 나이프, 컵, 식탁보

활동방법

① 맛있는 식탁을 꾸미는 방법을 생각해 본다.
 – 어떤 방법으로 식탁을 꾸밀 수 있을까?

② 잡지에서 음식 사진이나 그림을 오린다.
 – ○○가 좋아하는 음식은 무엇이니?
 – 어떤 음식이 맛있어 보이니?

③ 다양한 크기의 색상지를 오려서 그릇을 만든다.
 – 그릇을 어떻게 만들까?
 – 이 음식을 놓으려면 어떤 그릇이 필요할까?

④ 음식 사진으로 식탁을 꾸민다. 그릇, 숟가락, 젓가락, 컵 등을 놓는다.
 – 숟가락은 어디에 놓아야 할까?
 – 컵은 어디에 놓을까?
 – 식탁을 보니까 어떤 느낌이 드니?

참고사항

- 흰 냅킨에 식용색소로 물감을 들인 후 말려서 사용할 수 있다.

활동 13

휴지 속대 벽화

대 상 5세 유아

활동목표

- 다양한 자료를 미술작품에 활용하는 능력을 발달시킨다.
- 창의적 구성력을 발달시킨다.
- 협동하는 태도를 기른다.

활동자료 다양한 길이의 휴지 속대, 색 솜, 색종이 조각, 접착제, 면봉, 전지

준비사항

- 휴지 속대를 다양한 길이로 잘라 놓는다.
- 전지를 벽면에 붙여 놓는다.

활동방법

① 휴지 속대를 어떻게 붙일 수 있는지 의논한다.

- 휴지 속대를 어떻게 붙일 수 있을까?
- 휴지 속대를 세워서 붙이면 어떤 모양이 되니?
- 휴지 속대를 뉘여서 붙인 것과 어떤 차이가 있을까?

② 유아들이 전지에 휴지 속대를 다양한 방법으로 붙여서 벽화를 만든다.

- 휴지 속대를 어떤 모양으로 붙일까?
- 짧은 것은 어디에 붙일까?
- 휴지 속대에 색깔을 칠해 보자.
- 휴지 속대를 잘라 다양한 크기로 붙여볼까?

③ 휴지 속대에 색 솜이나 색종이 조각을 붙여서 꾸민다.

- 무엇을 붙여 꾸밀까?
- 색종이 조각은 어디에 붙일까?

④ 만들어진 벽화에 제목을 붙이고 감상한다.

- 어떤 느낌이 드니?
- 무엇이라 이름 붙이면 좋을까?
- 이 벽화의 재미있는 점은 무엇일까?

–어떤 친구들이 만든 벽화가 마음에 드니?

참고사항

- 크레파스, 물감, 붓, 털실 등 다양한 자료를 제공하여 창의적으로 표현하게 한다.
- 휴지 속대의 옆면이나 밑면을 계속 연결하여 붙이는 등 다양한 방법으로 구성해 본다.
- 실외의 벽면에 종이를 길게 붙이고 붓으로 벽화 그리기 활동을 할 수 있다.
- 마분지에 휴지 속대를 붙여 입체 구성물을 만들 수 있다.

활동 14 응원 막대 만들기

대상 5세 유아

활동목표

- 소리 나는 응원 도구를 만드는 경험을 한다.
- 다양한 자료를 이용하여 독창적으로 표현하는 능력을 기른다.

활동자료 여러 가지 모양의 시트지 조각, 우산자동포장기의 비닐, 유성 매직, 리본끈, 길게 자른 천

활동방법

① 준비된 자료를 살펴보며 응원 막대 만드는 방법을 생각해 본다.

- 응원 막대를 어떻게 만들 수 있을까?
- 우산자동포장기의 비닐에 공기를 넣고 묶으면 어떻게 될까?

② 비닐 봉지에 시트지 조각을 붙여 꾸민다.

- 응원 막대를 어떻게 꾸밀 수 있을까?
- 어떤 모양의 시트지 조각을 붙일까?

③ 길게 자른 천이나 리본 끈을 묶어 막대를 장식한다.

- 무엇으로 장식할까?
- 어떻게 응원할 수 있을까?
- 이 막대로 응원하면 기분이 어떨까?

참고사항

- 비닐 막대를 들고 응원을 하거나 리듬에 맞춰 흔들어 본다.
- 꽃술, 깃발, 리듬 막대 등 다양한 응원 도구를 만들 수 있다.

제6장

생활 도구

- 붓으로 그리기
- 조리 기구 찍기
- 우드락 판화
- 투명 마라카스
- 실패 굴리기
- OHP 슬라이드 콜라주
- 고무줄 롤러 찍기
- 찰흙 그릇 디자인
- 못, 나사, 철사 콜라주
- 핑킹가위로 오려 구성하기
- 휴대전화기 만들기
- 빨대와 모루 구성하기
- 풍경 사진 찍기
- 구슬 통로 만들기

활동 1

붓으로 그리기

대 상 1세 영아

활동목표

- 붓의 움직임에 따른 결과에 관심을 갖는다.
- 다양한 선을 만들어본다.

활동자료 다양한 크기의 붓, 물, 플라스틱 통

활동방법

① 붓을 만져보면서 촉감을 느끼게 한다.

–만져보면 어떨까?

–만져보니까 부드럽네.

② 실외의 벽에 붓으로 물을 묻혀 그림을 그린다.

–붓에 물을 묻혀 볼까?

–어디에 그림을 그려볼까?

–벽에 붓을 문지르니까 어떻게 되었니?

③ 붓을 다양하게 사용해 보면서 차이점을 탐색한다.

–붓으로 이렇게 그리니까 비가 오는 거 같지.

–ㅇㅇ가 동그라미를 그렸네.

–이번에는 다른 붓으로 그려볼까?

참고사항

- 날씨 좋은 날 실외에서 하기 적합한 미술 활동이다.
- 다양한 색상의 물감을 사용할 수도 있다.
- 그리는 과정을 격려해 준다.

활동 2 조리 기구 찍기

대상 1, 2세 영아

활동목표

- 점토에 찍기를 하면서 다양한 형태에 관심을 갖는다.
- 자유롭게 표현하는 경험을 한다.
- 미적 감각을 기른다.

활동자료 플라스틱 포크와 숟가락, 뒤집개, 밀가루반죽, 밀대

준비사항 밀가루반죽을 밀대로 밀어서 편편하게 해 놓는다.

활동방법

① 조리 기구와 밀가루반죽을 만지며 탐색한다.
- 이건 무엇일까?
- 무엇에 사용하는 것일까?
- 이번에는 밀가루반죽을 만져보자.

② 밀가루반죽에 조리 기구를 찍어본다.
- ○○야, 포크로 반죽을 콕 찍어보자.
- 어떤 모양이 찍혔니?
- 어떻게 해야 잘 찍혀지니?
- 포크 찍은 것과 숟가락 찍은 것이 어떻게 다르니?

③ 조리 기구를 다양하게 찍으며 여러 가지 무늬를 만든다.
- 무슨 무늬가 만들어졌니?
- 무엇 같으니?

참고사항

- 밀가루반죽 대신에 지점토, 또는 종이에 다양한 찍기를 할 수 있다.
- 조리 기구의 크기가 영아에게 적절하고 안전한 것을 준비한다.

활동 3 우드락 판화

대 상 2, 3세 영유아

활동목표

- 우드락에 다양한 점, 선, 모양을 새겨 본다.
- 우드락에 물감을 묻혀 판화를 만들어본다.
- 다양한 도구를 사용하면서 그 차이를 비교한다.

활동자료 우드락(15×20cm), 롤러, 물감 접시, 종이, 나무젓가락, 색연필

활동방법

① 우드락에 점, 선, 모양 새기는 것을 보여준다.
  - 이 판은 매끈매끈한 면이네?
  - 나무젓가락으로 꾸욱 누르면 어떤 자국이 생길까?
  - 이번에는 찌익 선을 그어볼까?
  - 이렇게 점을 여러 번 찍어 동그라미를 만들까?

② 다양한 도구를 사용하여 자국을 만들어본다.
  - 나무젓가락으로도 점을 만들어 볼까?
  - 색연필로 찍은 선은 다른 선들과 다르네?

③ 롤러를 사용하여 물감을 묻히고 종이로 판화를 찍는다.
  - 롤러에 물감을 묻혀 판에 문질러 볼까?
  - 그 위에 종이를 올려 누른 후 떼어내 보자.
  - 종이에 어떤 자국이 생겼니?

④ 우레탄 판과 판화 그림을 함께 보며 감상한다.
  - 이 자국은 그림에서 어디에 있는 것 같니?
  - 판에 있는 긴 선이 여기 그림에도 나타났구나.
  - 어떤 판화 그림이 마음에 드니?

참고사항

- 영유아의 소근육 발달을 고려하여 자국 만드는 도구를 선택한다.

활동 4 투명 마라카스

대 상 3, 4세 유아

활동목표

- 여러 가지 재활용품으로 마라카스를 만들어본다.
- 마라카스의 다양한 소리를 탐색할 기회를 갖는다.

활동자료 작은 페트병, 내용물(단추, 클립, 빨대 조각 등), 색종이, 스티커, 풀, 테이프

활동방법

① 마라카스에 넣을 내용물을 살펴본다.
  – 무엇이 준비되어 있니?
  – 병에 빨대 조각을 넣고 흔들면 어떤 소리가 날까?

② 작은 페트병 안에 여러 가지 내용물을 종류별로 담은 후 뚜껑을 닫는다.
  – 무엇을 넣을까?

③ 색종이나 스티커를 붙여서 페트병을 꾸민다.
  – 어떤 모양으로 꾸밀까?
  – 무엇을 붙여볼까?

④ 완성된 마라카스를 흔들어 소리를 탐색한다.
  – 어떤 소리가 나니?
  – 이것과 똑같은 소리가 나는 것을 찾아보자.

참고사항

- 마라카스를 2개씩 만들어 같은 소리끼리 짝을 지어 보는 활동을 한다.
- 마라카스 안에 곡물을 넣을 수도 있다.
- 음악에 맞추어 마라카스를 흔들며 연주한다.

활동 5

실패 굴리기

대 상 3, 4세 유아

활동목표

- 창의적 표현력을 발달시킨다.
- 굵은 선과 가는 선의 느낌을 비교한다.
- 원인과 결과를 이해한다.

활동자료 다양한 크기의 실패, 도화지, 물감 접시, 물휴지

활동방법

① 다양한 크기의 실패를 탐색한다.

- 어떻게 생겼니?
- 큰 것과 작은 것이 어떻게 다를까?

② 실패에 물감을 묻힌 후, 굴려서 그림을 그린다.

- 어떤 색 물감을 묻혀볼까?
- 그림이 어떻게 그려지니?
- 왜 그럴까?
- 실패를 굴려 보니까 어떻게 되었니?

③ 실패의 크기와 그려진 선의 굵기를 비교한다.

- 굵은 선과 가는 선은 어떻게 다르니?
- 왜 선이 좁게 그려졌을까?
- 커다란 실패를 굴리니 어떻게 그려지니?

참고사항

- 다양한 선을 그리면서 어떻게 해야 잘 그려지는지 함께 이야기해 본다.
- 유아 손에 묻은 물감은 물휴지로 닦게 한다.

활동 6 OHP 슬라이드 콜라주

대 상 3, 4세 유아

활동목표

- OHP 그림자를 보면서 형태개념을 발달시킨다.
- 생활 도구에 대한 호기심과 관찰력을 기른다.

활동자료 OHP 슬라이드, 스크린, 열쇠, 망사, 가위, 레이스

준비사항 벽면에 스크린을 준비해 놓는다.

활동방법

① OHP 슬라이드를 탐색한다.
 – 무엇을 하는 것일까?
 – 빛이 어디에서 나오니?
 – 손을 올려놓으니까 스크린에 무엇이 비추어졌니?

② OHP 슬라이드 위에 준비된 자료를 하나씩 올려놓으며 스크린에 비친 형태를 관찰한다.
 – 무엇이 나타났니?
 – 어떻게 보이니?
 – 이 위에 다른 레이스를 올려 볼까?

③ OHP 슬라이드 위에 여러 자료를 콜라주 하듯이 창의적으로 배치한다.
 – 어떤 것들을 올려놓았니?
 – ○○야, 이 가위는 어디에 놓을까?
 – 무슨 모양이 되었니?

참고사항

- OHP 슬라이드 위에 여러 가지 사물을 올려놓을 때 슬라이드 표면이 훼손되지 않도록 주의시킨다.
- 셀로판지로 색 판을 만들어 색의 혼합을 경험할 수도 있다.

활동 7 고무줄 롤러 찍기

대 상 3, 4세 유아

활동목표

- 굵기가 다른 고무줄로 다양한 선을 만들어본다.
- 고무줄을 다루어 보며 소근육 발달을 돕는다.
- 물감으로 찍은 선들을 감상하며 미적 감각을 기른다.

활동자료 굵기가 다른 고무줄, 휴지 속대, 은박지 속대, 도화지, 물감 접시

준비사항
- 접시에 부직포를 깔고 물감을 부어 물감 접시를 만들어 놓는다.
- 휴지 속대, 은박지 속대 안을 신문지나 점토로 채워 놓는다.

활동방법

① 휴지 속대와 고무줄을 탐색한다.
  – 무엇이 준비되어 있니?
  – 어떤 고무줄이 제일 굵니?
  – 고무줄을 잡아당기니까 어떻게 되었니?

② 휴지 속대에 고무줄을 가로, 세로로 끼워 여러 가지 형태의 롤러를 만든다.
  – 고무줄을 어떻게 끼워 볼까?
  – 어떤 모양이 만들어졌니?

③ 고무줄 롤러에 물감을 묻혀 종이에 찍는다.
  – 어떤 무늬가 나오니?
  – 어떤 색깔이 나왔니?
  – 계속 찍으면 어떻게 될까?

참고사항

- 고무줄을 다양한 간격과 형태로 끼워본다.
- 페트병에 모루를 감아 굴리며 찍어볼 수도 있다.

활동 8 찰흙 그릇 디자인

대 상 4, 5세 유아

활동목표

- 다양한 그릇의 용도에 대해 안다.
- 찰흙 그릇에 무늬를 넣으며 미적 감각을 기른다.
- 그릇을 디자인하며 창의적인 입체 구성력을 발달시킨다.

활동자료 도화지, 크레파스, 찰흙, 철사, 모루, 구슬, 스팽글, 나뭇잎

활동방법

① 도화지에 크레파스로 여러 가지 그릇을 디자인해 본다.
- 어떤 그릇이 있으면 좋을까?
- 만들고 싶은 그릇 모양을 디자인해 볼까?

② 디자인한 그릇 모양을 찰흙으로 만든다.
- 어떻게 만들어야 그릇 모양이 될까?
- 어떤 모양으로 만들까?
- 그릇 두께가 너무 두껍지 않도록 두 손으로 찰흙을 잘 두드리자.

③ 철사로 손잡이를 만들거나 여러 가지 자료로 장식한다. 철사나 모루로 여러 가지 무늬(예 빗살무늬)를 만든다.
- 그릇 손잡이는 무엇으로 만들까?
- 그릇을 어떻게 꾸미면 좋을까?
- 어떤 무늬를 만들까?

④ 잘 말린 후 전시회를 하고 감상한다.
- 이 그릇은 어떻게 사용하면 좋을까?
- 그릇 무늬가 가장 아름다운 것은 어떤 거라고 생각하니?

참고사항
- 그릇의 용도(접시, 밥그릇, 냄비, 컵 등)를 생각하여 재미있는 모양의 그릇을 만들도록 격려한다.
- 점토는 활용 전 충분히 반죽이 되도록 하고, 잘 말려서 물감으로 색칠해도 된다.

활동 9 못, 나사, 철사 콜라주

대 상 4, 5세 유아

활동목표

- 못, 나사, 철사를 이용하여 미술작품 만드는 기회를 갖는다.
- 여러 가지 도구에서 미적 요소를 탐색한다.

활동자료 찰흙, 못, 나사, 볼트, 너트, 철사, 마분지

활동방법

① 준비된 자료를 탐색한다.
 - 이건 무얼까?
 - 어떻게 사용할까?

② 찰흙을 마분지 위에 올려놓고 손으로 편편하게 두드려서 두께 1㎝ 정도의 찰흙 판을 만든다.
 - 찰흙을 손바닥으로 두드리니까 어떻게 되었니?
 - 어떤 모양으로 만들까?

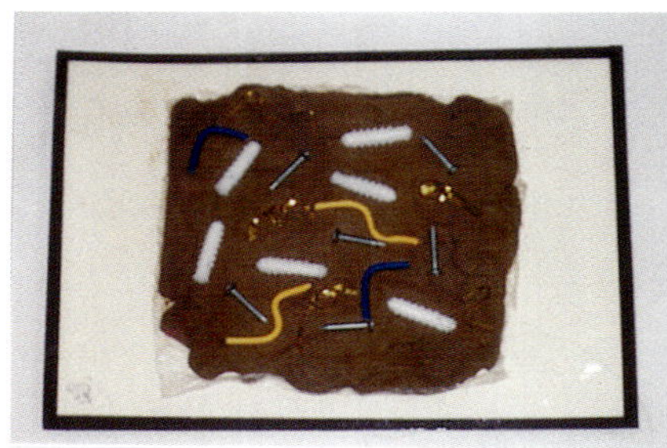

③ 못과 나사를 찰흙 판에 박는다.
 - 어떻게 박을까?
 - 못을 어디에 박을 거니?

④ 볼트와 너트, 철사를 구부려 찰흙 판에 박는다.
 - 또 무엇을 박아볼 수 있을까?
 - 손으로 구부리니까 어떻게 되었니?
 - 어떤 모양으로 철사를 구부려 볼까?

⑤ 잘 말린 후 감상한다.
 - 마르니까 어떻게 되었니?
 - 어떤 제목을 붙이면 좋을까?

참고사항 모래를 뿌리거나 돌멩이, 나뭇잎을 함께 콜라주 한다.

활동 10 핑킹가위로 오려 구성하기

대 상 5세 유아

활동목표

- 핑킹가위로 오린 다양한 선으로 창의적인 구성을 한다.
- 도구에 따라 달라지는 종이 모양을 경험한다.
- 작품을 감상하며 미적 감각을 기른다.

활동자료 여러 가지 모양의 핑킹가위, 가위꽂이, 색지, 신문지, 색종이, 8절 컬러 시트지, 투명시트지

활동방법

① 핑킹가위를 소개하고 종이를 잘라보며 선을 탐색한다.
  – 이 가위는 다른 가위와 어떤 점이 다르니?
  – 어떤 가위로 잘랐을 때 둥글둥글한 선이 나올까?
  – 이렇게 생긴 모양은 어떤 가위로 오린 것일까?

② 여러 가지 핑킹가위를 사용하여 종이를 자른다.
  – 뾰족뾰족한 선을 길게 잘라볼 수 있니?
  – 좀 더 짧은 선들을 만들어 볼래?
  – 굵은 선도 만들어 볼 수 있을까?
  – 다른 색깔의 종이(다른 재질의 종이)도 잘라보자.

③ 컬러시트지 접착면 위에 다양하게 자른 종잇조각을 올려 놓는다.
  – 서로 어울리는 색깔들끼리 놓아볼까?

④ 완성된 그림에 투명시트지를 붙이고 감상한다.
  – 이 그림에는 어떤 선들이 가장 많니?
  – 가장 따뜻한 느낌이 드는 그림은 어떤 그림이니?
  – 독특하게 선을 표현한 그림은 어떤 것이니?

참고사항 종이를 손으로 찢어 구성할 수도 있다.

활동 11 휴대전화기 만들기

대상 5세 유아

활동목표

- 상자를 가지고 휴대전화기를 독창적으로 만든다.
- 자신만의 휴대전화기를 만들며 성취감을 느낀다.

활동자료 모루, 빨대, 매직펜, 숫자스티커, 접착제, 작은 상자, 시트지, 스티로폼 조각, 투명 테이프

활동방법

① 상자로 휴대전화기를 만들자고 제안한다.
- 휴대전화기는 어떻게 생겼니?
- 휴대전화기를 어떻게 만들까?
- 무엇이 필요하니?

② 상자에 숫자와 글자, 상품 기호를 쓰고 스티로폼 조각으로 버튼을 붙인다.
- 화면은 어떻게 꾸밀까?
- 버튼을 어디에 붙일까?

③ 모루나 빨대로 휴대전화기 안테나를 만들어 붙인다.
- 안테나는 어디에 있니?
- 무엇으로 안테나를 만들까?

④ 숫자스티커를 붙이거나 시트지 조각을 붙여 휴대전화기를 꾸민다.
- 어떤 스티커를 붙일까?
- 시트지 조각으로 어떻게 꾸밀까?

⑤ 다른 친구들이 만든 휴대전화기와 비교하며 감상한다.
- 어떤 기능이 있니?
- 이 휴대전화기는 어떤 점이 멋있니?

참고사항

- 커다란 봉투로 휴대전화기 가면을 만들 수도 있다.
- 휴대전화기 가게놀이에 활용할 수 있다.

활동 12 빨대와 모루 구성하기

대 상 5세 유아

활동목표

- 창의적 입체 구성력을 발달시킨다.
- 아름다운 색과 형태를 고안하며 심미감을 기른다.

활동자료 빨대, 모루, 가위

준비사항 빨대는 3～5㎝ 크기로 잘라 놓는다.

활동방법

① 모루에 빨대를 끼우며 여러 모양을 만드는 방법에 대해 생각해 본다.

 – 모루에 빨대를 끼우니까 어떻게 되었니?

 – 몇 개씩 끼울 수 있니?

 – 어떻게 해야 빨대가 빠지지 않을까?

 – 어떤 모양을 만들 수 있을까?

② 빨대가 끼워진 모루를 구부려서 모양을 만든다.

 – 어느 곳을 구부릴까?

 – 무슨 모양이 만들어졌니?

 – 공 모양을 만들어 보자.

 – 거미줄 같이 만들어 볼까?

 – 구름다리 같이 만들 수도 있겠다.

③ 다른 유아들이 만든 것을 함께 보며 감상한다.

 – 무엇 같으니?

 – 어떻게 만들었을까?

 – 제목을 무엇이라 붙이면 좋을까?

참고사항

- 전시할 때에는 스티로폼 상자에 유아가 만든 입체물을 꽂거나 천장에 매달아 전시한다.
- 입체적으로 구성하도록 지도한다.

활동 13

풍경 사진 찍기

대 상 5세 유아

활동목표

- 자연의 아름다움을 느끼고 미적 요소를 발견한다.
- 아름다운 사진을 찍는 경험을 한다.
- 거리와 위치 개념을 발달시킨다.

활동자료 디지털 카메라

준비사항

- 자연의 경치를 느낄 수 있는 인근 공원을 사전에 답사하여 사진을 찍을 만한 대상과 유아들의 휴식 공간이 있는지 확인한다.
- 카메라의 기능과 사용방법에 대해 이야기를 나눈다.

활동방법

① 견학 장소의 주변을 둘러보며 사진 찍을 만한 대상을 찾는다.

- 어떤 것들이 보이니?
- ○○야, 사진을 찍어볼까?
- 어떤 풍경을 찍을까?

② 사진의 구도를 잡아본다.

- 어느 위치에서 찍을까?
- 카메라를 어떤 방향으로 잡고 찍으면 좋을까?
- 찍고 싶은 것을 렌즈 가운데에 보이도록 해 볼까?

③ 카메라가 흔들리지 않게 안정된 자세로 사진을 찍는다. 같은 장면을 위치, 거리, 방향에 차이를 두고 여러 번 찍는다.

- 나무가 어떻게 보이니?
- 멀리 있는 것을 찍을 때에는 어떻게 찍으면 될까?
- 저쪽에서 찍으면 무엇이 다를까?

④ 사진을 보며 이야기를 나눈다.

- 이 장면을 찍은 이유는 무엇이니?

–어떤 느낌이 드니?

–어떤 점이 마음에 드니?

–사진을 어떤 위치에서 찍은 것이니?

⑤ 사진에 제목을 붙인다.

–이 사진에는 어떤 제목이 어울릴까?

–왜 그렇게 생각했니?

참고사항

- 카메라의 셔터를 누를 때에는 흔들리지 않도록 주의시킨다.
- 골판지로 만든 사진틀에 사진을 넣어서 전시한다.
- 다른 유아의 작품을 함께 감상한다.
- 카메라 이외에 휴대전화기로 사진을 찍을 수도 있다.

활동 14

구슬 통로 만들기

대 상 5세 유아

활동목표

- 문제 해결력 및 창의적 사고력을 발달시킨다.
- 손과 눈의 협응력 및 소근육 발달을 이룬다.
- 성취감을 느낀다.

활동자료 큰 구슬, 상자 뚜껑, 은박지 속대, 휴지 속대, 나무젓가락, 빨대, 종이컵, 작은 상자, 마분지, 여러 가지 뚜껑, 투명 테이프, 접착제, 가위

활동방법

① 구슬을 상자 뚜껑에 놓고 이리저리 움직여 본다.

– 어떻게 하면 구슬이 잘 움직일까?

– 구슬이 어디로 움직이니?

② 구슬이 통과하는 길을 만드는 방법에 대해 생각한다.

– 무엇이 필요하니?

– 구슬 통로를 어떻게 만들까?

– 터널을 무엇으로 만들까?

③ 다양한 자료를 이용하여 상자 안에 구슬 통로를 만든다.

– 터널을 어디에 만들까?

– 구슬이 이쪽으로 가지 못하게 막으려면 어떻게 해야 할까?

④ 통로에 구슬을 놓고 굴린다.

– 구슬이 어디로 굴러 가니?

참고사항

- 상자 바닥에 동물이나 사람 얼굴 그림을 그리고 눈이나 코, 입에 구멍을 낸다. 상자 안에 구슬을 넣고 구멍 안으로 빠뜨리는 놀이를 한다.

제7장

교통 기관

크레파스 자동차
자동차 바퀴 찍기
찰흙 자동차 길 만들기
찰흙 배 만들기
우주선 모빌 만들기
자동차 사진 감상하기
모래밭 터널 만들기
수수깡 자전거 만들기
달걀판 보트 만들기
기차 만들기
로켓 만들기
미래형 자동차
주유기 만들기
항구 꾸미기

활동 1

크레파스 자동차

대상 1세 영아

활동목표

- 자동차가 움직일 때 생기는 선에 관심을 갖는다.
- 다양한 색깔을 경험한다.

활동자료 여러 색깔의 소형 장난감 자동차, 크레파스, 테이프, 큰 종이

준비사항
- 소형 장난감 자동차 뒤범퍼에 크레파스를 마스킹테이프로 붙인다.
- 큰 종이를 책상이나 바닥에 놓고 테이프를 붙여 고정한다.

활동방법

① 장난감 자동차를 탐색한다.
- 자동차 뒤에 무엇이 붙어 있니?
- 자동차가 굴러가면 어떻게 될까?

② 크레파스로 자동차 그림을 그린다.
- 종이 위로 자동차를 굴려보자!
- 부릉부릉~ 자동차가 지나갑니다.
- 그림이 어떻게 그려지니?
- 자동차가 춤을 추는 것처럼 움직여 볼까?

③ 다른 영아들이 그린 것을 함께 감상한다.
- 그림이 어떻게 그려져 있니?
- 자동차를 어떻게 움직인 것 같으니?
- 어떤 선이 더 짧니?

참고사항

- 영아용으로 적합한 크레파스(예 파스넷 크레파스)를 준비한다.
- 자동차에 색 분필을 붙여서 실외 놀이터의 시멘트 바닥에서 그림을 그려도 재미있다.

활동 2 자동차 바퀴 찍기

대 상 1, 2세 영아

활동목표

- 자동차 바퀴를 찍으며 눈과 손의 협응력이 발달한다.
- 창의적인 표현력을 발달시킨다.

활동자료 소형 장난감 자동차, 도화지, 물감 접시

준비사항 접시에 스펀지를 깔고 물감을 풀어놓는다.

활동방법

① 자동차 바퀴를 탐색한다.

－자동차는 어떻게 굴러갈까?

－바퀴는 어떤 모양이니?

② 자동차 바퀴에 물감을 묻힌 후 굴려서 종이에 자국을 만들어본다.

－어떤 모양의 무늬가 만들어졌니?

－어떤 색깔의 무늬가 생겼니?

－자동차가 똑바로 갈 때는 어떤 그림이 그려지니?

－요리조리 움직이니까 바퀴 자국이 어떻게 나타나니?

③ 여러 방향으로 자동차를 굴리면서 물감 그림을 그린다.

－무슨 그림을 그리니?

－어떻게 하니까 이런 모양이 만들어졌니?

참고사항

- 자동차는 영아가 손으로 잡기 쉬운 크기가 좋다.
- 바퀴 무늬가 다양한 여러 종류의 자동차를 준비한다.
- 실외 놀이터의 모래밭에서 커다란 수레나 바퀴를 굴려서 자국을 만든다.

활동 3 찰흙 자동차 길 만들기

대 상 2세 영아

활동목표

- 길 만들기를 통해 소근육 발달이 촉진된다.
- 다양한 길을 만들며 형태개념을 발달시킨다.

활동자료 찰흙, 찰흙 판, 블록, 블록 소품(나무, 사람 등), 교통표지판, 신호등

활동방법

① 찰흙으로 길 만드는 방법을 생각해 본다.
  – 찰흙으로 어떻게 길을 만들 수 있을까?
② 찰흙을 주무른 다음, 양손으로 비벼 길게 만든다.
  – 찰흙을 주무르니까 느낌이 어떠니?
  – 찰흙을 길게 만들려면 어떻게 해야 할까?
③ 줄처럼 길게 만든 찰흙을 바닥에 놓아 길을 만든다.
  – 어떤 모양의 길을 만들까?
  – 꼬불꼬불 길을 만들려면 어떻게 해야 할까?
④ 블록과 블록 소품, 교통표지판, 신호등으로 길 주변을 꾸민다.
  – 길가에는 무엇이 있니?
  – 나무는 어디쯤 세우는 것이 좋을까?
  – 자동차는 어디에 놓을까?

참고사항

- 찰흙 길이 마른 다음 자동차 놀이를 한다.
- 블록으로 자동차 길을 만들어도 재미있다.

활동 4 찰흙 배 만들기

대 상 3, 4세 유아

활동목표

- 찰흙을 다루며 손의 조절능력을 발달시킨다.
- 배를 만들며 창의적 입체 구성력을 발달시킨다.

활동자료 찰흙, 이쑤시개, 색종이

활동방법

① 찰흙을 이용하여 배를 만들기로 한다.
- 배가 어떻게 생겼니?
- 찰흙으로 어떻게 배를 만들 수 있을까?
- 어떤 모양의 배를 만들까?

② 찰흙을 동그랗게 만든 후 손바닥으로 눌러 편편하게 한다.
- 찰흙을 손바닥으로 굴리니까 어떤 모양이 되었니?
- 어떻게 하면 편편해질까?

③ 가장자리를 위로 세워서 배 모양을 만든다.
- 어떻게 해야 배에 물이 들어가지 않을까?
- 손으로 가장자리를 세우니까 어떤 모양이 되었니?

④ 이쑤시개에 색종이를 끼워 돛을 만들고 뱃머리 부분에 꽂는다.
- 이쑤시개와 색종이로 돛을 만들려면 어떻게 해야 할까?
- 돛을 어디에 꽂을까?

참고사항

- 창의적으로 여러 가지 모양의 배를 만들어본다.
- 스티로폼 접시, 은박지 접시, 커다란 상자 뚜껑 등을 이용하여 배를 만든다. 페트병을 이용할 경우는 반으로 잘라서 사용한다.

활동 5

우주선 모빌 만들기

대상 3, 4세 유아

활동목표

- 모빌을 만들며 소근육 발달을 돕는다.
- 상상력과 창의력을 기른다.

활동자료 스티로폼 용기(예 컵라면 용기), 유성 매직펜, 금박지, 은박지, 시트지, 색종이, 스티커, 풀, 끈

준비사항 • 스티로폼 용기에 끈 끼울 구멍을 뚫어 놓는다.

활동방법

① 준비된 자료를 탐색한다.

– 무엇으로 우주선을 만들까?

– 우주선을 무슨 색으로 꾸밀까?

② 스티로폼 용기를 금박지나 은박지로 감싼다.

– 금박지를 붙이니까 어떤 느낌이 드니?

③ 유성 매직펜으로 그림을 그리거나 시트지 또는 색종이 조각, 스티커를 붙여 우주선을 꾸며본다.

– 어떤 모양의 색종이를 붙일까?

– 와, ㅇㅇ는 우주인 스티커를 붙였네.

④ 스티로폼 용기의 구멍에 끈을 끼운다.

– 어디에 끈을 끼울까?

– 어떻게 끼워야 잘 움직일까?

⑤ 우주선에 끈을 매달아 우주선 모빌을 만든다.

참고사항

- 우주선에 색종이나 시트지를 붙일 때 구멍을 막지 않도록 주의시킨다.
- 사전활동으로 우주선 화보를 보며 우주선에 대해 이야기를 나눈다.

활동 6 자동차 사진 감상하기

대상 3, 4세 유아

활동목표

- 다양한 자동차 디자인을 감상한다.
- 자동차의 형태와 색깔 개념을 발달시킨다.
- 비슷한 점과 차이점을 구별한다.

활동자료 여러 종류의 자동차 사진이나 화보

준비사항

- 다양한 자동차 사진을 벽면에 붙여 놓는다.

활동방법

① 자동차 사진을 함께 본다.

– 이런 자동차를 본 적이 있니?

– 어떻게 생겼니?

– ○○는 어떤 자동차가 마음에 드니?

– 어떤 점이 좋아?

② 자동차의 특성을 비교한다.

– 어떤 점이 비슷하니?

– 이 자동차에는 어떤 특징이 있니?

– 어떤 자동차가 제일 빨리 달릴 것 같으니?

– 왜 그렇게 생각해?

③ 자동차를 본 느낌에 대해 이야기한다.

– 이 자동차를 타면 기분이 어떨까?

참고사항

- 자동차 형태를 창의적으로 설계하고 다양한 자료를 이용하여 만들어본다.

활동 7 모래밭 터널 만들기

대 상 3, 4세 유아

활동목표

- 모래의 특성을 이해하고 공간을 구성해 본다.
- 모래 터널을 만들며 창의적 입체 구성력을 발달시킨다.

활동자료 모래밭, 페트병, 소형 자동차, 터널 그림

준비사항

- 모래밭에 물을 뿌려서 적신다.
- 페트병을 그림과 같이 터널 형태로 잘라 놓는다. 잘린 면에 손이 다치지 않도록 비닐 테이프를 붙인다.

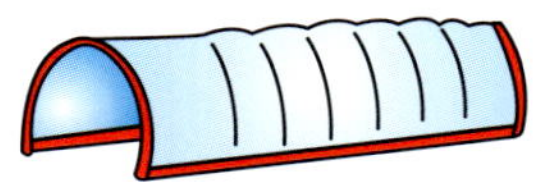

활동방법

① 터널 그림을 보며 터널을 통과한 경험에 대해 이야기한다.
- 터널을 지나가 보았니?
- 무엇을 타고 지나갔니?
- 터널 안은 어땠니?

② 터널을 만드는 방법에 대해 생각한다.
- 어디에 터널을 만들까?
- 어떻게 만들까?
- 무엇으로 터널을 만들면 좋을까?

③ 모래를 손으로 다독거리며 터널 만들 자리를 다진다.
- 어떻게 하면 땅을 편편하게 만들 수 있을까?
- 손으로 두드리니까 어떻게 되었니?

④ 페트병 자른 것을 모래밭에 박고 그 위에 모래를 덮는다.
- 페트병을 어떻게 놓을까?
- 모래를 덮으니까 어떻게 되었니?
- 어떻게 해야 모래가 흘러내리지 않을까?

⑤ 소형 자동차를 이용하여 놀이한다.
 – 이 터널은 어느 터널과 연결되었니?
 – 터널을 지나 어디로 가니?

참고사항

- 페트병 대신 PVC관을 잘라 사용할 수 있다.
- 터널이 너무 길면 자동차 놀이하기가 어려우므로 간격을 두면서 여러 개의 터널을 만든다.
- 터널 위에 모래를 수북이 덮어 산을 통과하는 터널을 만들어본다.

활동 8 수수깡 자전거 만들기

대상 4, 5세 유아

활동목표

- 눈과 손의 협응력 및 소근육 운동능력을 기른다.
- 계획하고 실행하는 능력을 발달시킨다.
- 창의적 입체 구성력을 발달시킨다.

활동자료 수수깡, 스티로폼 공, 스티로폼 접시(작은 것, 긴 것 등), 큰 단추, 이쑤시개, 접착제, 투명 테이프, 도화지, 크레파스

준비사항
- 자전거 바퀴용으로 스티로폼 공의 반을 잘라 놓는다.
- 자전거에 관련된 화보를 게시판에 붙여 놓는다.

활동방법

① 준비된 재료를 이용하여 자전거를 만들자고 제안한다.
- 무엇이 준비되어 있니?
- 어떻게 자전거를 만들 수 있을까?

② 만들고 싶은 자전거의 설계도를 그림으로 그린다.
- 어떤 모양의 자전거를 만들어볼까?
- ○○가 만들고 싶은 자전거 모양을 도화지에 그려보자.

③ 설계도를 보면서 자전거를 만든다.
- 수수깡을 어떻게 붙일 수 있을까?
- 바퀴는 무엇으로 할까?
- 어떻게 장식을 하면 좋겠니?

④ 스티로폼 접시 받침대에 자전거를 고정해 전시한다.

참고사항

- 수수깡을 이쑤시개로 끼우거나 접착제로 붙일 수도 있다.
- 가는 철사나 모루를 구부려서 자전거를 만들 수 있다.

활동 9 달걀판 보트 만들기

대 상 4, 5세 유아

활동목표

- 보트를 만들며 창의적 입체 구성력을 발달시킨다.
- 다양한 재료를 활용하는 능력을 기른다.
- 미적 감각을 기른다.

활동자료 작은 달걀판, 빨대, 투명 테이프, 시트지 조각, 가위, 물 놀이대

활동방법

① 준비된 자료를 이용하여 배 만드는 방법을 생각해 본다.
- 무엇이 준비되어 있니?
- 어떻게 만들면 좋을까?

② 작은 달걀판에 시트지 조각을 붙여 배를 꾸민다.
- 어떻게 돛을 만들까?

③ 가위로 빨대를 끼울 구멍을 내고 빨대를 끼운다.
- 어디에 돛을 만들까?
- 빨대를 끼우니까 어떻게 되었니?

④ 시트지 조각으로 깃발을 만들어 빨대에 붙인다.
- 어떤 모양의 깃발을 만들까?
- 어디에 깃발을 달까?

⑤ 완성된 배를 물에 띄워본다.
- 왜 물에 뜰까?

참고사항

- 작은 사람 모형을 배에 실어 놀이한다.
- 스티로폼 접시나 플라스틱 뚜껑 등 다양한 자료를 이용하여 배를 만든다.

활동 10 기차 만들기

대 상 5세 유아

활동목표

- 기차의 구조를 이해하고 상자로 만들어본다.
- 창의적으로 구성하는 능력을 발달시킨다.

활동자료 상자, 색종이, 잡지, 포장지, 가위, 필름 통 뚜껑, 단추, 수수깡, 휴지 속대, 클립, 빵 줄, 접착제, 풀, 투명 테이프, 블록, 블록 소품(사람 모형), 기차 화보

준비사항

- 크기가 같은 상자(예 일회용 커피 포장 상자)를 준비하여 상자의 윗면을 떼어낸다.

활동방법

① 기차 만드는 방법을 생각해 본다.
- 무엇이 필요하니?
- 어떻게 만들까?
- 얼마나 길게 만들까?

② 상자에 여러 가지 재료를 붙여서 기차 겉면을 꾸민다.
- 창문은 어디에 붙일까?
- 바퀴는 무엇으로 만들까?

③ 기차 내부를 꾸민다. 블록을 놓아 기차 의자를 만들고 사람 모형이나 사람 사진을 투명 테이프로 붙인다.
- 기차 안에는 무엇이 있니?
- 의자는 어떻게 만들까?
- 사람 사진은 어디에 붙일까?

④ 유아들이 만든 기차를 접착제로 연결한다.

- 어떻게 연결할까?
- 어느 칸을 맨 앞에 놓을까?

참고사항

• 바닥에 기찻길을 만들어 전시한다.

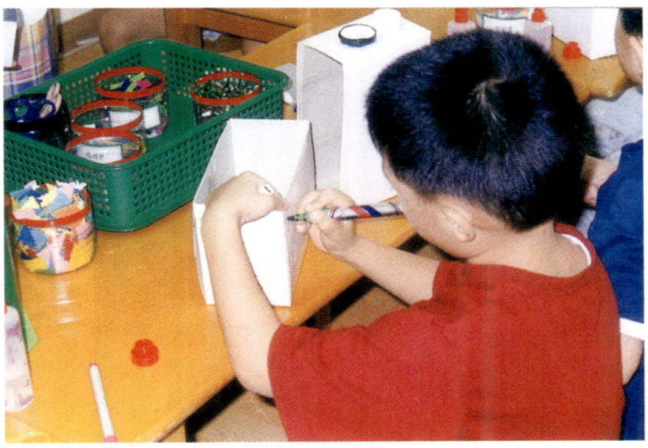

활동 11

로켓 만들기

대상 5세 유아

활동목표

- 로켓을 만들며 눈과 손의 협응력 및 소근육 발달을 돕는다.
- 창의적 입체 구성력을 발달시킨다.

활동자료 휴지 속대, 마분지, 은박지, 투명 테이프, 매직펜

준비사항

- 마분지로 원뿔을 만들 수 있도록 부채꼴 모양으로 오려 놓는다.

활동방법

① 준비된 자료를 보면서 로켓 만드는 방법에 대해 생각해 본다.
  - 무엇이 준비되었니?
  - 로켓을 어떻게 만들 수 있을까?

② 부채꼴 모양의 마분지로 원뿔을 만들어 휴지 속대에 붙인다.
  - 무슨 모양이 만들어졌니?
  - 휴지 속대에 붙이니까 무엇이 되었니?

③ 마분지로 날개를 만들어 붙인다.
  - 어떤 모양의 날개를 만들까?
  - 어디에 붙일까?

④ 은박지를 로켓 전체에 붙이고 매직펜으로 그림을 그려서 장식한다.
  - 은박지로 싸니까 느낌이 어떠니?
  - 무엇을 그려 넣으면 좋을까?
  - 우주선에 누가 타고 있다고 할까?

참고사항

- 페트병을 이용하여 로켓 마라카스를 만들 수 있다. 빨대를 잘라 병 안에 넣고 뚜껑을 닫은 후 시트지를 오려 로켓을 장식한다.

활동 2 종이 물들이기

대상 1, 2세 영아

활동목표

- 물들여진 종이를 보고 색의 아름다움을 느낀다.
- 종이를 물들이면서 성취감을 느낀다.

활동자료 물감 접시, 종이(한지, 종이 행주, 종이 냅킨 등)

준비사항 색 물감 접시를 3~4가지 준비한다.

활동방법

① 색 물감 접시와 종이를 살펴본다.

- 여러 색깔 물감이 있네.
- 어떤 색인가 보자. 빨강, 노랑.
- 이 종이를 물들여보자.

② 종이 냅킨이나 한지를 접어서 물감 접시에 살짝 담가본다.

- 종이를 살짝 물감에 담가보자.
- 종이가 어떻게 되었니?
- 하얀 종이가 분홍색이 되었네.
- 이번에는 파란색 물감 접시에 담가보자.

③ 종이 냅킨의 접혀진 부분을 펼쳐서 다양한 무늬가 생긴 것을 영아에게 보여준다.

- 어떤 무늬가 생겼는지 선생님이 보여줄게.
- 와~ 예쁜 무늬가 생겼네.

④ 물들인 종이를 잘 말린 후 전시한다.

참고사항

- 종이 여러 부분에 각기 다른 색깔로 물들이기를 할 수 있다.
- 비닐 위에 물감을 몇 방울 떨어뜨리고, 그 위에 종이 행주를 살짝 덮어서 물들이기를 할 수도 있다.

활동 3 탑 쌓기

대 상 2, 3세 영유아

활동목표

- 우리나라 전통 탑 모양에 관심을 갖는다.
- 지점토를 이용해 입체적으로 표현하는 경험을 한다.

활동자료 지점토, 물감, 이쑤시개

준비사항 탑에 관한 사진이나 그림을 보면서 어디서 보았는지, 어떤 모양인지, 몇 층인지 이야기를 나눈다.

활동방법

① 지점토를 만지고 눌러 보는 등 자유롭게 탐색한다.
 – 지점토를 손으로 만져보자.
 – 어떤 느낌이니?

② 지점토에 물감을 섞어 색 지점토를 만든다.
 – 여기에 노란색 물감을 섞으면 어떻게 될까?

③ 지점토를 가지고 탑 만들기를 제안한다.
 – 어떤 탑을 만들어 볼까?
 – 얼마나 높게 만들까?

④ 지점토를 손으로 주물러서 동그랗거나 네모 등 다양한 모양과 크기로 만든다.
 – 동그랗게 만들려면 어떻게 해야 할까?
 – 이번에는 좀 더 크게 만들어 볼까?

⑤ 모양 지점토를 한 층 한 층 쌓아서 탑을 만든다.
 – 탑이 쓰러지지 않게 하려면 어떻게 쌓아야 할까?
 – 제일 밑에 어떤 것을 놓을까?
 – 다음에는 어느 것을 쌓을까?

참고사항

- 탑의 균형을 맞추어서 쌓도록 지도한다.

활동 4 한지 그릇 만들기

대 상 3세 유아

활동목표

- 한지를 찢어 붙임으로써 한지의 아름다움을 이해한다.
- 손과 눈의 협응력 및 손의 조절능력을 발달시킨다.
- 창의적 입체 구성력을 발달시킨다.

활동자료 컵라면 용기, 한지, 풀

준비사항

- 컵라면 용기를 깨끗이 씻어 잘 말려 놓는다.
- 유아들이 찢기 편하도록 한지를 크게 잘라 놓는다.

활동방법

① 컵라면 용기에 한지를 찢어 붙여 그릇 꾸미는 방법을 제안한다.
　– 준비된 자료로 무엇을 할 수 있을까?
　– 어떻게 꾸밀 수 있을까?

② 한지를 손으로 찢는다.
　– 찢을 때 어떤 소리가 나니?
　– 어떤 모양이 되었니?

③ 컵라면 용기에 풀을 바르며 한지 조각을 붙인다.
　– 어떻게 붙일까?
　– 어떤 색깔로 꾸밀까?
　– 한지를 붙이니까 어떻게 되었니?

④ 잘 말린다.
　– 마른 다음에 무엇으로 사용하면 좋을까?

참고사항

- 한지 그릇에 니스를 칠해 말리면 더 견고해진다.

활동 5

바구니 직조

대 상 3, 4세 유아

활동목표

- 바구니 직조를 하며 규칙적인 패턴을 이해한다.
- 어울리는 끈을 사용하여 창의적 구성력을 발달시킨다.
- 미적 감각을 기른다.

활동자료 플라스틱 바구니, 리본 끈

준비사항

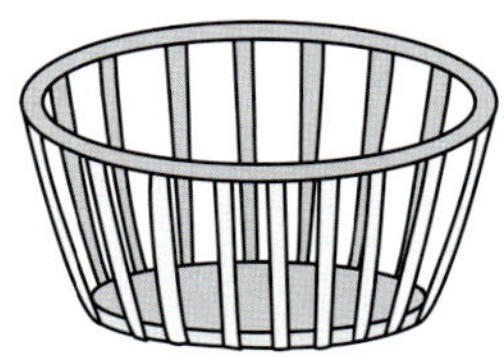

- 리본 끈으로 직조할 수 있는 바구니를 준비한다.
- 리본 끈의 굵기는 바구니 구멍의 크기를 고려하여 준비한다.
- 리본 끈의 한쪽 끝을 투명 테이프로 붙여서 구멍에 잘 들어가도록 하고 다른 쪽 끝은 바구니에 붙여 놓는다.

활동방법

① 바구니를 예쁘게 꾸미는 방법을 생각해 본다.
  - 이 리본으로 바구니를 예쁘게 꾸미는 방법이 있을까?

② 바구니의 구멍에 리본 끈을 끼워 본다.
  - 리본 끈을 어떻게 끼울까?
  - 리본 끈을 구멍에 집어넣었다가 다시 빼면 어떻게 되니?
  - 다음에는 리본을 어디에 끼울까?

③ 규칙적인 패턴을 만들며 직조를 한다.
  - 어떤 모양으로 직조해 볼까?
  - 어떤 모양이 만들어졌니?

참고사항

- 소쿠리에 강아지풀이나 잡초, 나무줄기 등을 끼워 장식할 수도 있다.
- 스티로폼 용기나 접시에 홈을 파서 리본 끈으로 직조할 수 있다.

활동 6 팝콘 꽃 꾸미기

대 상 3, 4세 유아

활동목표

- 먹선의 아름다움을 경험한다.
- 빨대로 먹물을 불어 창의적인 선을 표현한다.
- 창의적인 표현능력을 기른다.

활동자료 먹물, 붓, 빨대, 종이, 물엿, 팝콘, 사인펜, 크레파스

준비사항

- 사전에 요리활동으로 팝콘 튀기기를 한다.

활동방법

① 팝콘을 먹으며 이야기를 나눈다.

- 팝콘 맛이 어떠니?
- 팝콘은 무엇으로 만들었지?

② 먹물과 팝콘으로 꽃을 만들어 보자고 제안한다.

- 먹물로 나뭇가지를 만들고 팝콘을 붙여서 꽃을 만들어 보자.

③ 종이에 먹물을 2~3방울 떨어뜨려 준다.

- 와~ 이게 무얼까?
- 이건 먹물이라고 하는데, 무슨 색이니?

④ 빨대로 먹물을 불어서 나뭇가지를 만들게 한다.

- 빨대로 불면 먹물이 어떻게 되나 보자.
- ○○야, 후~후~ 불어보자.
- 먹물이 이리저리 퍼지네.

⑤ 팝콘을 붙이고 사인펜으로 그려서 예쁘게 꾸민다.

- 여기에 팝콘을 붙여보자. 팝콘을 무엇으로 붙일까?
- 그래, 물엿을 살짝 묻혀서 붙여볼까?
- ○○ 나무에 흰 꽃이 많이 피었네.

활동 7 팽이 만들기

대상 3, 4세 유아

활동목표

- 전통적인 놀잇감에 관심을 갖는다.
- 눈과 손의 협응력 및 손의 조절능력을 발달시킨다.
- 팽이 판을 만들어 보며 색깔 감각을 기른다.

활동자료 팽이 모양 본, 크레파스, 물감 접시, 면봉, 이쑤시개, 비닐 테이프

준비사항

- 마분지로 여러 가지 팽이 모양 본을 만들어 놓는다. 팽이가 돌 때 균형을 잡을 수 있도록 팽이의 형태가 대칭되게 한다.
- 팽이 모양 본 중앙에 송곳으로 구멍을 뚫어놓는다.
- '팽이치기' 전래동요를 함께 익힌다.

팽이치기

전래동요

팽글 팽글 잘도 돈다
요리 조리 잘도 돈다

고추 먹고 맴맴
달래 먹고 맴맴

팽아 팽아 돌아라
팽글 팽글 돌아라

활동방법

① 준비된 자료를 탐색하며 팽이 만드는 방법을 생각해 본다.
 – 팽이를 어떻게 만들까?

② 팽이 모양 본에 그림을 그리거나 면봉으로 물감을 찍어서 꾸민다.
 – 면봉에 물감을 묻혀 종이에 찍으니 어떤 무늬가 생기니?

③ 팽이 모양 본에 이쑤시개를 꽂아 팽이 축을 만든다. 이쑤시개의 위·아래에 비닐 테이프를 감아 고정한다.
 – 이쑤시개를 꽂으니까 어떤 모양이 만들어졌니?

–어떻게 하면 이쑤시개가 빠지지 않을까?

④ '팽이치기' 전래동요를 부르며 팽이를 돌린다.

–팽이가 어떻게 돌아가니?

–무슨 색으로 보이니?

활동 8 고무신 만들기

대 상 4, 5세 유아

활동목표

- 전통 고무신의 아름다운 선을 탐색한다.
- 고무신을 만들면서 성취감을 느낀다.

활동자료 고무신, 지점토, 물감, 붓

준비사항 다양한 고무신 사진을 보면서 용도, 특징에 대해 이야기를 나눈다.

활동방법

① 고무신을 탐색한다.
- 어떻게 생겼니?
- 무엇으로 만들었을까?
- 언제 고무신을 신니?

② 지점토로 고무신을 빚는다.
- 지점토를 주무르니까 느낌이 어떠니?
- 어떻게 하면 고무신 모양이 될까?
- 뾰족한 코는 어떻게 만들까?

③ 만든 고무신을 그늘에 말린다.

④ 지점토 고무신에 물감을 칠한 후 다시 말린다.
- 어떤 색깔을 칠할까?
- 어떤 무늬로 그림을 그릴까?
- 누가 신으면 좋겠니?

참고사항

- 재미있는 다양한 모양의 고무신을 창의적으로 만들도록 격려한다.
- 여러 가지 화보를 통해 세계 여러 나라의 전통적인 신발을 감상하고 공통점과 차이점에 대해 이야기를 나눈 후 다양한 신발을 만들어 볼 수 있다.

활동 9 탈 만들기

대 상 5세 유아

활동목표

- 우리나라의 다양한 탈의 형태를 관찰한다.
- 탈을 꾸미면서 창의적인 표현력을 기른다.
- 성취감을 느낀다.

활동자료 종이 접시, 색종이, 색상지, 물감, 크레파스, 사인펜, 털실, 수수깡, 모루, 단추, 모형 눈, 가위, 풀, 접착제

준비사항 여러 종류의 탈 사진을 보면서 탈의 특징에 대해 이야기를 나눈다.

활동방법

① 준비된 자료를 활용하여 우리나라의 탈을 만들어 보자고 제안한다.
 – 종이 접시로 탈을 만들어 보자.
 – 어떤 탈을 만들어 볼까?
 – 우리나라 탈 중 무엇이 기억나니?

② 색종이나 색상지를 종이 접시에 붙여서 탈의 얼굴색을 만든다.
 – ○○는 분홍 색종이를 붙여서 분홍색 탈을 만들고 있구나.
 – 탈의 얼굴은 어떻게 꾸밀까?

③ 사인펜으로 그리거나 단추, 털실, 눈 등을 붙여서 다양한 표정의 탈을 꾸민다.
 – 머리는 무엇을 붙여서 꾸밀까?
 – 활짝 웃는 모습의 탈은 어떻게 표현할까?

④ 유아들이 만든 작품을 전시하고 감상한다.
 – 친구가 만든 탈은 어떤 모습이니?
 – 어떤 부분이 마음에 드니?
 – 이 탈과 비슷한 느낌이 드는 탈은 어느 것일까?

참고사항

- 자신이 만든 탈을 쓰고 탈춤을 추어볼 수 있다.

활동 10 한글 서예 감상

대상 5세 유아

활동목표

- 여러 가지 한글 모양을 감상하는 기회를 갖는다.
- 글자에서 미적 요소를 탐색한다.
- 눈과 손의 협응력 및 손의 조절능력을 발달시킨다.

활동자료 다양한 글자체의 서예작품, 도화지, 크레파스, 물감, 붓

활동방법

① 서예작품을 보며 이야기를 나눈다.
- 어떻게 쓴 것일까?
- 어떤 글이 쓰여 있을까?
- 누가 썼을까?
- 글자를 보니까 어떤 느낌이 드니?
- 이 글자 모양과 비슷한 글자를 찾아보자.

② 작품을 보며 크레파스로 여러 다른 모양의 글자를 쓴다.
- 무슨 글자를 써 볼까?
- 어떤 모양으로 써 볼까?

③ 글자 위에 붓으로 물감을 칠한다.
- 무슨 색 물감을 칠할까?
- 물감을 칠하니까 크레파스로 쓴 글자가 어떻게 되었니?

④ 잘 말린다.

참고사항

- 글자를 읽는 것보다는 글자의 모양이나 디자인에 관심을 두도록 한다.
- 먹물로 글자 쓰는 활동을 계획한다.

활동 11 민화 병풍 만들기

대 상 5세 유아

활동목표

- 민화를 감상하는 경험을 한다.
- 다양한 자료를 활용하여 창의적인 병풍을 만든다.

활동자료 민화, 화선지, 먹물, 붓, 사인펜, 크레파스, 골판지, 풀

준비사항

- 다양한 민화(십장생도, 화조도 등)를 준비한다.
- 병풍 판으로 사용할 골판지는 화선지보다 조금 크게 준비한다.

활동방법

① 유아 4~6명을 한 집단으로 민화를 감상하면서 그림에 대해 이야기를 나눈다.
- 무엇으로 그린 그림일까?
- 어떤 동물들이 있니?
- 산, 강, 나무를 어떻게 그렸니?

② 민화를 그려서 병풍 만들기를 계획한다.
- 병풍을 어떻게 만들 수 있을까? 친구들과 의논해 보자.
- 어떤 경치를 그릴까?
- 어떤 동물을 그릴까?
- 이 종이는 도화지와 어떤 점이 다르니?

③ 화선지에 먹물, 크레파스, 사인펜으로 민화를 그려서 말린다.
- 먹물로 화선지에 그림을 그리니 어떻게 되었니?

④ 준비된 골판지에 민화를 붙여 병풍을 완성한다.
- 어떤 순서로 그림을 붙일까?

참고사항

- 다양한 종류의 붓을 제공하여 차이점을 비교해 보게 한다.
- 먹물은 잘 지워지지 않으므로 얼굴이나 옷에 묻히지 않도록 주의시킨다.

활동 12

한복 스텐실

대상 5세 유아

활동목표

- 우리나라 의상인 한복에 관심을 갖는다.
- 형태와 색깔 개념을 발달시킨다.
- 심미감을 기른다.

활동자료 한복 스텐실 본, 스펀지 방망이, 물감 접시, 도화지, 사인펜

준비사항

- 마분지에 한복의 윤곽과 무늬를 칼로 오려내어 스텐실 본을 만든다.

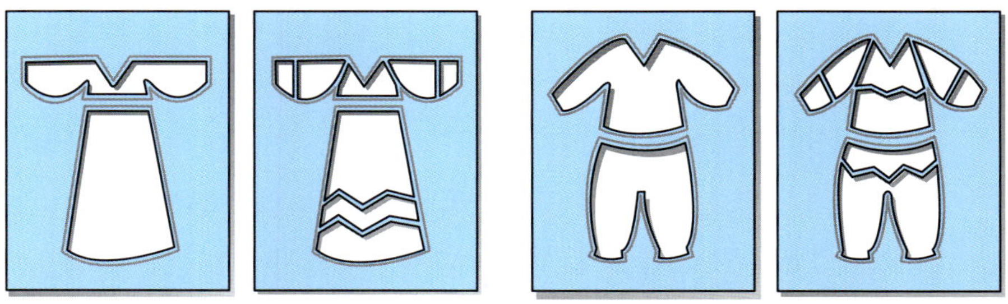

〈여자 저고리와 치마〉 〈남자 저고리와 치마〉

활동방법

① 한복 스텐실 본을 탐색한다.

–무슨 옷의 본일까?

–왜 구멍을 뚫어 놓았을까?

② 종이에 스텐실 본을 올려놓고 방망이에 물감을 묻혀 두드린다.

–어떤 모양이 나올까?

③ 본을 떼어내 말린 후 사인펜으로 무늬를 그린다.

제9장

세계 여러 나라

채소 케이크 만들기

세계 여러 나라 글자 콜라주

세계 여러 나라 모자 만들기

여러 나라 사람 콜라주

연 만들기

글자로 그림 그리기

여러 나라 가면 만들기

명화 그리기

우표 만들기

막대 인형 만들기

나무집 짓기

명화 속 인물

나만의 조각품

활동 1 채소 케이크 만들기

대 상 2세 영아

활동목표

- 여러 채소의 색과 모양의 아름다움을 느낀다.
- 채소에 아름다운 색이 있음을 안다.

활동자료 양배추, 방울토마토, 당근, 오이, 바나나, 도마, 칼, 이쑤시개

준비사항 양배추는 반으로 잘라 놓고 당근, 오이, 바나나 등의 재료는 꽂기에 알맞은 크기로 잘라 놓는다.

활동방법

① 준비된 자료를 살펴본다.

- ○○야, 여기에 무엇이 있니?
- 방울토마토가 있네. 먹어본 적이 있니?
- 이 빨간색 채소는 무엇일까?

② 양배추에 과일, 채소를 꽂아서 예쁜 케이크를 만들자고 제안한다.

- 케이크를 먹어봤니? 언제 먹었니?
- ○○는 생일 때 먹었구나.
- 케이크가 어떤 모양이니?
- 양배추에 채소를 꽂아서 케이크를 만들어 보자.

③ 잘라 놓은 과일, 채소 조각을 색과 모양을 생각하면서 꽂는다.

- 바나나는 무엇으로 꽂을까?
- 이 오이를 어디에 꽂으면 케이크 색깔이 예뻐질까?

④ 케이크가 완성되면 감상한다.

- 다른 친구들이 만든 케이크는 어떤 모양이니?

참고사항

- 생일축하 역할놀이에 활용한다.
- 나라마다 축하할 때 먹는 음식이 다름을 설명한다.

활동 2 세계 여러 나라 글자 콜라주

대 상 3, 4세 유아

활동목표

- 세계 여러 나라의 글자에 관심을 갖는다.
- 글자를 이용하여 미술작품 만드는 경험을 한다.
- 창의적 구성력을 발달시킨다.

활동자료 세계 여러 나라의 글자 오린 것(한글, 한자, 일본어, 영어, 아랍어 등), 도화지, 풀

준비사항

- 신문이나 광고지에서 글자를 오려 놓거나 컴퓨터에서 세계 여러 나라의 글자를 출력한다. 글자의 모양이나 크기를 다양하게 준비한다.

활동방법

① 여러 나라의 글자를 탐색한다.

- 이 글자는 어떻게 생겼니?
- 어떤 특징이 있니?
- 우리나라 글자는 어떤 것이니?

② 글자를 도화지에 붙이며 재미있는 모양을 구성한다.

- 어떤 글자를 붙이고 싶으니. 골라보자.
- 무슨 모양으로 붙여볼까?

③ 완성된 작품을 보며 제목을 붙인다.

- 어떤 느낌이 드니?
- 제목을 무엇이라 하면 좋을까?

참고사항

- 세계 여러 나라에서 각기 다른 언어를 사용한다는 것을 지도한다.
- 도화지에 그림을 그리고 글자로 콜라주 해볼 수도 있다.

활동 3 세계 여러 나라 모자 만들기

대상 3, 4세 유아

활동목표

- 각 나라의 독특한 모자 형태에 관심을 갖는다.
- 여러 가지 재료로 모자를 꾸민다.
- 창의적 구성력을 발달시킨다.

활동자료 종이 접시, 컵라면 용기, 종이컵, 종잇조각, 단추, 코르크 뚜껑, 깃털, 솔방울, 조화, 털실, 빨대, 색종이, 도화지, 리본 끈, 가위, 접착제, 세계 여러 나라의 전통 모자 사진

사전활동 세계 여러 나라의 전통 모자 사진을 보며 모자의 필요성, 특징, 비슷한 점과 다른 점 등에 대해 이야기를 나눈다.

활동방법

① 준비된 자료로 세계 여러 나라의 모자를 만들어 보자고 제안한다.

- 무엇이 준비되어 있니?
- 어느 나라의 모자를 만들까?
- 추운 나라에서는 어떤 모자를 쓸까?
- 사진을 보면서 만들어 볼까?

② 종이 접시에 컵라면 용기나 도화지를 접어 붙여서 모자 모양을 만든다.

- 어떻게 해야 머리에 쓸 수 있을까?
- 어떤 모양으로 만들까?

③ 여러 가지 재료를 붙여 모자를 꾸민다.

- 모자에 무엇을 붙여 꾸밀까?
- 모자에 꽃을 붙이니까 어떤 느낌이 드니?

참고사항

- 만든 모자를 쓰고 역할놀이나 가장무도회를 한다.
- 그림책『광글왕글의 모자』를 읽고 여러 가지 무늬의 헝겊 조각을 이용하여 큰 바구니 모자를 꾸민다.

활동 4 여러 나라 사람 콜라주

대 상 4, 5세 유아

활동목표

- 눈과 손의 협응력 및 소근육 발달을 돕는다.
- 세계 여러 나라 사람들의 모습에 관심을 갖는다.
- 상상력과 창의성을 발달시킨다.

활동자료 얼굴, 머리, 신체 부위(눈, 코, 입, 귀)의 그림, 풀, 크레파스, 세계 여러 나라 사람들의 사진

준비사항 여러 나라 사람들의 모습을 콜라주 할 수 있도록 얼굴, 머리, 신체 부위의 모양을 다양하게 오려 놓는다.

활동방법

① 세계 여러 나라 사람들의 사진을 살펴본다.

- 이 사람은 어느 나라 사람일까?
- 우리나라 사람과 어떤 점이 다르니?

② 도화지 위에 준비된 자료를 풀로 붙이며 여러 나라 사람들의 얼굴 모습을 콜라주 한다.

- 얼굴을 어떤 모양으로 할까?
- 어떤 코를 붙일까?

③ 크레파스로 색칠하여 꾸민다.

- 눈은 어떤 색으로 칠할까?
- 머리에는 어떤 장식을 할까?

④ 친구들이 콜라주 한 것을 보며 이름을 짓는다.

- 어느 나라 사람을 만든 것일까?
- 이름을 무엇이라고 지을까?

참고사항

- 털실이나 신문지 등을 이용하여 머리카락을 만들어 보아도 재미있다.
- 잡지에서 사진을 오려 여러 나라 사람들의 모습을 콜라주 할 수 있다.

활동 5

연 만들기

대상 4, 5세 유아

활동목표

- 세계 여러 나라의 연 모양에 관심을 갖는다.
- 다양한 연을 만들면서 창의적 표현력을 발달시킨다.
- 성취감을 느낀다.

활동자료 여러 나라의 연 모양 본, 크레파스, 종이 띠, 물감 접시, 전통문양 찍기 틀, 대나무 살, 실, 풀, 접착제

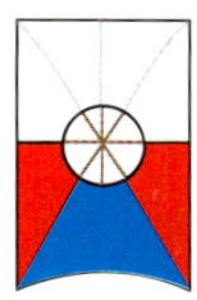
우리나라 연

중국 연

말레이시아 연

활동방법

① 여러 나라의 연 모양 본을 살펴보고 그 가운데 원하는 것을 선택한다.
 – 이것은 어느 나라의 연일까?
 – 어떤 연을 만들까? ㅇㅇ가 원하는 연 모양을 골라보자.

② 크레파스로 그리거나 전통 문양을 찍어 연을 꾸미고 종이 띠를 붙인다.
 – 어떤 무늬가 만들어졌니?
 – 종이 띠를 붙이니까 어떠니?

③ 연의 뒷면에 대나무 살을 붙인다.
 – 어떤 모양으로 붙일까?

④ 대나무 살에 실을 묶어 연을 완성한다.
 – 연이 어떻게 날아갈까?

활동 6 글자로 그림 그리기

대 상 4, 5세 유아

활동목표

- 여러 나라 글자에 관심을 갖는다.
- 글자 모양을 이용하여 창의적 표현력을 발달시킨다.

활동자료 세계 여러 나라의 글자가 인쇄된 잡지나 광고지, 도화지, 풀, 가위, 사인펜

준비사항 세계 여러 나라의 글자를 분류하는 게임을 사전활동으로 한다.

활동방법

① 세계 여러 나라의 글자가 인쇄된 잡지나 광고지를 살펴본다.
 – 이런 글자를 본 적이 있니?
 – 어느 나라의 글자일까?
 – 글자가 어떻게 생겼니?

② 여러 형태의 글자 모양을 활용하여 그림 그리기를 제안한다.
 – 글자 모양이 무엇과 비슷하니?
 – ○○야, 이 글자를 보니 무슨 생각이 나니?

③ 글자를 이용해서 그림(예 동물, 자동차, 집)을 그린다.
 – 글자를 이용해서 무슨 모양을 만들어 볼까?
 – 어떤 그림을 그릴 수 있을까?
 – 먼저 글자를 오려 붙이고 그림을 그릴까?

④ 친구들의 작품을 감상하면서 같은 글자 모양이 다른 그림으로 표현된 것을 살펴본다.

참고사항

- 글자가 크게 인쇄된 잡지나 광고지를 준비하거나 컴퓨터에서 다양한 글꼴의 글자를 출력하여 사용한다.
- 세계 여러 나라 글자의 역사에 대해 이야기를 나눈다.

활동 7 여러 나라 가면 만들기

대 상 4, 5세 유아

활동목표

- 세계 여러 나라의 가면에 관심을 갖는다.
- 자신이 만든 가면을 다른 사람에게 소개할 수 있다.
- 가면을 꾸미며 창의적 구성력을 발달시킨다.

활동자료 세계 여러 나라의 가면 모양 본, 모루, 빵 줄, 털실, 색 솜, 색종이, 시트지 조각, 헝겊 조각, 단추, 솜, 수수깡, 이쑤시개, 풀, 가위, 접착제, 투명 테이프, 고무줄, 펀치, 활동 순서 카드, 세계 여러 나라의 가면 사진

〈가면 만들기 : 활동 순서 카드〉

① 가면 모양 본을 선택한다.

② 여러 가지 재료로 가면을 꾸민다.

③ 가면 양쪽에 구멍을 뚫는다.

④ 구멍에 고무줄을 끼운다.

준비사항

- 다양한 가면 모양 본(우리나라 탈, 중국 가면, 베네치아 가면 등)을 만들어 놓는다. 눈이나 입 부분은 미리 구멍을 뚫어 놓는다.

활동방법

① 활동 순서 카드를 보며 가면 만드는 방법을 소개한다.
  – 무엇을 가지고 만들까?
  – 어떻게 만들까? 만드는 순서를 살펴보자.
  – 제일 먼저 무엇을 해야 할까?

② 원하는 모양의 가면 본을 선택하여 가면을 만든다. 다양한 자료를 사용하여 창의적으로 꾸민다.
  – 눈썹을 어떻게 만들까?
  – 볼에는 무엇을 붙일까?
  – 이 털실은 어디에 붙일까?

③ 자신이 만든 가면을 여러 유아에게 소개하며 이야기를 나눈다.
  – 어떻게 만들었니?
  – 친구가 만든 가면을 보니까 어떤 생각이 드니?

④ 유아들이 만든 가면을 전시한다.
  – 어떤 방법으로 전시할까?
  – 가면의 이름을 무엇이라 할까?

참고사항

- 가면을 쓰고 세계 여러 나라의 민속 음악에 맞추어 춤을 춘다.

활동 8 명화 그리기

대상 4, 5세 유아

활동목표

- 세계 여러 나라의 다양한 미술작품을 감상하는 기회를 갖는다.
- 그림의 특성을 비교하고 차이를 발견한다.
- 느낀 것을 그림으로 표현하는 능력을 기른다.

활동자료 세계 여러 나라의 명화, 크레파스, 색연필, 파스텔, 물감, 먹물, 도화지, 붓, 연필

활동방법

① 세계 여러 나라의 명화를 보며 전체적인 느낌에 대해 이야기를 나눈다.
 – 무엇을 그린 것일까?
 – 무엇으로 그린 것 같니?
 – 어떤 느낌이 드니?

② 여러 명화를 감상하면서 특성을 비교한다.
 – 어떤 색이 많이 사용되었니?
 – 비슷한 점은 무엇이니?

③ 화가와 명화의 제목에 대해 생각해 본다.
 – 누가 그렸을까?
 – 제목이 무엇일까?

④ 감상한 명화와 같은 주제로 그림을 그린다.
 – 어떤 그림을 그릴까?

⑤ 명화와 유아들이 그린 작품을 서로 비교하며 감상한다.
 – 이 그림은 어떤 그림을 감상하고 그린 것일까?
 – 어떤 점이 비슷하니?

참고사항

- 유아가 명화를 감상한 후 그린 그림을 전시할 수 있다. 그림 밑에는 유아의 이름과 작품의 제목을 적어 붙인다.

활동 9 우표 만들기

대 상 5세 유아

활동목표

- 세계 여러 나라의 우표를 감상하는 기회를 갖는다.
- 나만의 우표를 만들며 창의적 표현력을 발달시킨다.

활동자료 종이, 사인펜, 색연필, 투명 시트지, 핑킹가위, 세계 여러 나라의 우표

준비사항

- 가정통신문을 통해 세계 여러 나라의 우표를 수집한다.
- 세계 여러 나라의 우표를 감상하면서 어떤 그림이 그려져 있는지, 어떤 특징이 있는지를 살펴본다.
- 우표 만들 종이를 6×5㎝ 크기로 잘라 놓는다.

활동방법

① 우표 만들기를 제안한다.
 - 우표가 왜 필요할까?
 - 우표는 어떻게 생겼니?
 - 무엇으로 만들까?

② 우표 만들 종이에 사인펜과 색연필로 그림을 그린다.
 - 무엇으로 그릴까?
 - 어떤 그림을 그릴까?

③ 그림을 그린 우표 위에 투명 시트지를 붙이고 테두리를 핑킹가위로 자른다.
 - 투명 시트지를 붙이니까 어떻게 되었니?
 - 테두리를 우표처럼 만들려면 어떻게 해야 할까?

④ 유아들이 만든 우표로 우표 전시회를 열어 함께 감상한다.

참고사항

- 우표 모양이나 크기를 다양하게 만든다.
- 만든 우표는 우체국놀이에 사용하거나 가정통신문에 붙여 집으로 보낸다.

활동 10 막대 인형 만들기

대 상 5세 유아

활동목표

- 세계 여러 나라 사람들의 피부색과 생김새가 다양하다는 것을 이해한다.
- 창의적 구성력을 발달시킨다.
- 미적 감각을 기른다.

활동자료 다양한 피부색의 인형 본, 모루, 털실, 화방지, 모형 눈, 색 솜, 색연필, 풀, 접착제, 투명 테이프, 가위, 나무젓가락, 활동 순서 카드

〈막대 인형 만들기 : 활동 순서 카드〉

① 인형 본을 선택한다.

② 화방지로 인형 옷을 만들어서 인형 본에 붙인다.

③ 모형 눈, 털실 등을 붙여 인형의 얼굴과 머리를 꾸민다.

④ 인형 뒤에 나무젓가락을 투명 테이프로 붙인다.

준비사항

- 화방지를 인형 옷 크기로 잘라 놓는다.
- 세계 여러 나라 사람들의 모습이 담긴 화보를 전시한다.
- 세계 여러 나라 사람들의 모습에 대해 이야기를 나눈다(예 생김새의 특징, 비슷한 점·차이점).

활동방법

① 활동 순서 카드를 보면서 막대 인형을 만들기로 한다.
 – 무엇을 만드는 것일까?
 – 어떻게 만드는 것이니?

② 인형 본을 선택한다.
 – 어떤 사람을 만들까?
 – 피부색이 어떠니?

③ 화방지에 인형 본을 놓고 윤곽을 그린다. 가위로 선을 따라 오려서 인형 본에 붙인다.
 – 어떤 옷을 만들까?
 – 옷을 입히니까 어떠니?

④ 인형의 얼굴을 꾸민다.
 – 눈은 어디에 붙일까?
 – 어떤 머리 모양을 만들까?

⑤ 인형 뒷면에 나무젓가락을 붙여서 막대 인형을 만든다.
 – 어느 나라의 인형 같으니?
 – 인형의 이름을 무엇이라 지을까?

참고사항

- 다양하고 재미있는 방법으로 인형 본을 꾸미게 한다.
- 막대 인형을 이용하여 인형극을 할 수 있다.

활동 11 나무집 짓기

대상 5세 유아

활동목표

- 세계 여러 나라 집의 형태에 대해 관심을 갖는다.
- 계획하고 실행하는 능력을 발달시킨다.
- 창의적 입체 구성력을 발달시킨다.

활동자료 아이스크림 막대, 접착제, 잡초나 풀, 나뭇잎, 돌멩이, 도화지, 크레파스

준비사항

- 나무집 그림이나 사진을 보면서 건물의 특징에 대해 이야기를 나눈다.
- 5~6명을 한 조로 구성하여 공동작업으로 시행한다.

활동방법

① 도화지에 크레파스로 나무집을 설계한다.
- 어떤 모양의 나무집을 만들어 볼까?
- 나무집을 만들려면 무엇이 필요하니?
- 나무집을 만들기 전에 원하는 모양을 종이에 그려보자.

② 설계도를 보며 아이스크림 막대로 나무집을 만든다.
- 벽은 어떻게 세울 수 있을까?
- 나무집의 좋은 점은 무엇일까?

③ 잡초나 풀, 나뭇잎 등으로 나무집을 꾸민다.
- 뜨거운 햇볕을 어떻게 막을 수 있을까?
- 나무집을 무엇으로 꾸밀까?

④ 설계도와 나무집을 비교한다.
- 설계도와 비슷하게 나무집이 만들어졌니?
- 어떤 부분이 잘 만들어졌니?

참고사항

- 모래밭에서 이글루나 진흙집, 초가집 등 여러 나라의 집을 만들 수 있다.

활동 12 명화 속 인물

대 상 5세 유아

활동목표

- 세계 여러 나라 사람들의 특징과 생김새가 다름을 이해한다.
- 분장을 준비하면서 창의적 표현력을 발달시킨다.

활동자료 세계 여러 나라 사람들의 모습이 담긴 명화(벨라스케스의「마르가리타 테레사의 초상화」, 드가의「자화상」, 뭉크의「파란 앞치마를 입은 두 소녀」, 고갱의「타이티의 두 여인」, 레오나르도 다빈치의「모나리자」, 신윤복의「미인도」등), 분장용 화장품, 드레스, 남자 양복, 한복, 보자기, 스카프, 모자, 앞치마, 가발, 액세서리, 전신 거울

활동방법

① 명화를 보며 사람들의 생김새에 대해 이야기를 나눈다.
- 어떻게 생겼니?
- 어느 나라 사람일까?
- 이 사람과 무엇이 다르니?

② 어느 나라 사람으로 분장할지 의논한다.
- 어느 나라 사람으로 분장할까?
- 이 스카프는 어떻게 이용할까?

③ 유아를 정해서 분장한다.
- 어떤 것이 필요하니?
- 얼굴은 어떻게 분장할까?
- 어떤 옷을 입힐까?

④ 분장한 유아들이 행진을 한다.
- 어느 나라 사람의 모습일까?
- 그 나라 사람의 특징을 어떻게 알 수 있니?

참고사항
- 세계 여러 나라 사람들의 모습을 그림으로 감상하도록 지도한다.
- 행진곡을 준비하여 행진할 때 틀어준다.

활동 13 나만의 조각품

대상 5세 유아

활동목표

- 세계 여러 나라의 조각품을 감상하는 기회를 갖는다.
- 생각한 것을 표상하는 능력을 발달시킨다.
- 찰흙으로 조각품을 만들며 창의적 표현을 한다.

활동자료 • 세계 여러 나라의 조각품 사진, 찰흙, 찰흙 판, 찰흙 도구, 이쑤시개, 모루

활동방법

① 세계 여러 나라의 다양한 조각품 사진을 보며 작품의 제목을 생각해 본다.
- 제목이 무엇일까?
- 무엇을 만든 것일까?
- 내가 만약 조각가라면 어떤 작품을 만들고 싶으니?

② 찰흙으로 조각품을 만든다.
- 무엇을 만들까?
- 어떻게 만들까?

③ 찰흙 도구로 무늬를 내어 장식하거나 이쑤시개, 모루 등을 붙여 마무리한다.
- 어떤 무늬를 만들까?

④ 제목을 붙인 후 잘 말린다.
- 제목을 무엇이라 할까?

⑤ 작품을 전시하여 감상한다.

참고사항

- 조각공원이나 미술관을 견학하여 실제 조각품을 감상하는 기회를 가진다.
- 실외에 조각공원을 꾸며 본다. 자연경관과 어울리게 유아들이 만든 작품을 전시한다.

제10장

환경과 생활

활동 1 해, 달, 별 스펀지 찍기

대 상 1, 2세 영아

활동목표

- 스펀지 찍기를 하며 손의 조절능력을 발달시킨다.
- 다양한 형태와 색채를 경험한다.
- 해, 달, 별 모양을 구성하며 미적 감각이 발달한다.

활동자료 구멍 난 도화지, 도화지, 스펀지 막대, 물감 접시, 클립

준비사항

- 도화지에 해, 달, 별 모양의 구멍을 뚫어 놓는다. 구멍 난 도화지 밑에 도화지를 한 장 더 놓고 클립으로 고정한다.
- 스펀지를 나무막대에 묶어 스펀지 막대를 만든다.

활동방법

① 구멍 난 도화지를 탐색한다.

- 구멍이 무슨 모양으로 뚫려 있니?
- 손가락으로 구멍을 만져보자.
- 별 모양이지?

② 스펀지 막대로 물감을 묻혀 구멍 난 도화지에 찍는다.

- 무슨 색 물감으로 할까?
- 스펀지 막대에 빨간색 물감을 묻혀보자.
- 막대를 살살 두드려서 색깔을 칠해 보자.
- 물감이 어떻게 찍히니?

③ 물감을 찍은 다음, 위에 있는 도화지를 떼어낸다.

–어떤 무늬가 만들어졌니?

–와~ 빨간색 별 모양이 생겼네.

④ 잘 말린 후 감상한다.

참고사항

- 다양한 형태로 구멍을 뚫어 찍기 활동을 해 본다.
- 물감 접시를 3~4가지 준비한다.
- 물감이 찍힌 해, 달, 별을 모양대로 오려 모빌처럼 매달거나, 구멍이 난 도화지 아래에 다른 색깔의 색종이나 헝겊을 붙이면 새로운 느낌의 미술작품이 된다.

활동 2 알록달록 지퍼 백 만들기

대 상 1, 2세 영아

활동목표

- 종이를 찢으면서 소근육 운동능력이 발달한다.
- 종이의 특성을 탐색한다.
- 다양한 색상을 경험한다.

활동자료 색종이, 신문지, 헌 잡지, 투명 지퍼 백

활동방법

① 색종이, 신문지를 다양한 방법으로 살펴본다.

- 종이가 많이 있네. 만져보자.
- 종이를 흔들어보자.
- 무슨 소리가 나니?
- 와~ 이 종이는 노란색이네.
- 종이를 손으로 구겨보자.

② 여러 방법으로 종이 찢기를 한다.

- 종이를 길게 찢어 볼까?
- 찢을 때 어떤 소리가 나니?
- 이번에는 더 작은 조작으로 찢어보자.

③ 종잇조각을 가지고 놀이를 한다.

- 종잇조각을 멀리 던져보자.

④ 종잇조각을 지퍼 백에 담는다.

- 종잇조각을 여기에 담아보자.
- 빨간 종이, 파란 종이, 까만 종이, 울긋불긋 종이가 많이 있구나.

⑤ 게시판에 지퍼 백을 매달아 전시한다.

활동 3 색 모래 뿌리기

대 상 2세 영아

활동목표

- 색 모래로 작업하며 색깔 감각을 발달시킨다.
- 심미감을 기른다.

활동자료 색 모래, 색종이 조각, 투명한 작은 병, 풀, 붓, 마분지

준비사항

- 모래에 물감가루를 섞어 색 모래를 만든다.
- 색깔별로 색 모래를 병에 담고 병의 입구를 비닐로 씌운 후, 모래가 나올 수 있도록 송곳으로 몇 군데 구멍을 뚫어 놓는다. 또는 양념통에 색 모래를 담아 놓는다.

활동방법

① 눈을 감고 색 모래가 담긴 병을 흔들며 무엇이 들어 있는지 예측해 본다.
 – 흔드니까 어떤 소리가 나니?
 – 무엇이 들어 있을까?

② 마분지에 붓으로 밀가루 풀을 바른다.
 – 풀칠을 하니까 어떻게 되었니?

③ 풀이 마르기 전에 색 모래와 색종이 조각을 뿌리며 그림을 그린다.
 – 모래가 어떻게 뿌려지니?
 – 어떤 색의 모래가 뿌려졌니?
 – 무슨 그림이 그려졌니?

참고사항

- 모래에 물감을 뿌려 말려서 색 모래를 만들 수도 있다.
- 색 모래 대신에 달걀껍데기를 이용할 수 있다. 달걀껍데기를 식초에 담가 석회질을 없애고 식용색소 물에 담가 염색을 한 후 잘게 부수어 사용한다.

활동 4 식빵 얼굴 꾸미기

대 상 2세 영아

활동목표

- 식빵 얼굴을 꾸미며 창의적으로 표현하는 경험을 한다.
- 여러 음식 재료를 미술 활동에 활용해 본다.

활동자료 식빵, 건포도, 다양한 모양의 과자, 물엿, 플라스틱 칼

활동방법

① 준비된 자료를 살펴본다.

－이건 무얼까?

－그래, 식빵이네. 조금 먹어보자.

－식빵 맛이 어떠니?

－이 과자는 무슨 모양이니?

－물엿을 손으로 만져보자. 어떤 느낌이니?

② 식빵으로 얼굴을 꾸며보자고 제안한다.

－이 식빵으로 얼굴을 만들어 보자.

－무엇으로 눈을 만들까?

－코는 무엇으로 만들까?

－세모 과자를 물엿으로 붙이니 코 모양이 되었네.

③ 친구들이 만든 식빵 얼굴을 비교해 본다.

－○○는 동그란 과자 2개로 눈을 만들었네.

참고사항

- 활동을 시작하기 전에 영아들이 손을 씻도록 지도한다.
- 식빵 얼굴을 다 만든 후에 간식으로 먹는다.

활동 5 깡통 안의 조약돌 그림

대 상 3세 유아

활동목표

- 다양한 사물을 미술작품에 활용하는 능력을 발달시킨다.
- 탐색하고 발견하는 태도를 기른다.
- 미적 감각을 기른다.

활동자료 조약돌, 물감 접시, 숟가락, 도화지, 뚜껑이 있는 깡통(예 분유통)

준비사항
- 유아들과 산책하면서 다양한 크기의 조약돌을 수집하여 깨끗이 씻어 말린다.
- 물감 접시에 조약돌을 넣어둔다.

활동방법

① 깡통 안에 조약돌과 종이를 넣고 그림 그리는 방법을 생각해 본다.
 – 조약돌과 종이를 깡통에 넣고 그림을 그릴 수 있을까?

② 도화지를 느슨하게 말아 깡통 안에 넣는다.
 – 어떻게 해야 깡통 안에 도화지를 넣을 수 있을까?

③ 물감 접시에 담긴 조약돌을 숟가락으로 건져 깡통 안에 넣고 뚜껑을 닫는다.
 – 어떤 색 물감 접시에 있는 조약돌을 넣을까?

④ 깡통을 흔든다.
 – 어떤 소리가 나니?
 – 깡통 안에서는 어떤 일이 일어날까?

⑤ 뚜껑을 열고 도화지를 꺼내어 살펴본 후에 말린다.
 – 어떤 그림이 그려졌니?
 – 조약돌이 어떻게 움직였을까?

참고사항

- 투명한 페트병을 이용하면 조약돌의 움직임을 관찰할 수 있다.
- 커다란 쟁반에 도화지를 깔고 조약돌이나 구슬을 놓은 다음, 이리저리 굴리면서 그림을 그려볼 수도 있다.

활동 6 물 위에 구성하기

대 상 3, 4세 유아

활동목표

- 물의 특성을 이해한다.
- 창의적 구성력을 발달시킨다.
- 협동하는 태도를 기른다.

활동자료 넓은 물통, 코르크 조각, 스티로폼 조각, 스펀지, 아이스크림 막대, 나뭇조각, 소꿉그릇, 실패, 필름 통, 빨대, 모루, 수수깡

준비사항
- 높이가 낮고 넓은 물통에 물을 담아 놓는다.
- 3~4명의 유아를 소집단으로 나눈다.

활동방법

① 물통에 담긴 물과 준비된 자료를 보며 물 위를 꾸미는 방법에 대해 이야기 나눈다.

–물 위를 도화지라고 생각하고 여기 있는 것들을 띄워서 꾸미기를 해 보자.

–물 위를 어떻게 꾸밀 수 있을까?

–무엇으로 꾸며볼까?

–○○는 무엇을 띄워보고 싶으니?

–친구들과 의논해서 해 보자.

② 몇 가지 자료를 물에 띄우며 물 위를 꾸민다.

–나뭇조각을 넣으니까 어떻게 되었니?

–어떤 것들이 물에 뜨니?

–무슨 모양처럼 되었니?

③ 다른 집단 친구들의 작품을 감상한다.

–친구들은 어떤 것을 물에 띄웠니?

–어떤 점이 멋있니?

–어떤 점이 다르니?

–작품의 제목을 붙여보자.

④ 작품을 사진으로 찍어서 전시한다.

– 어떻게 사진을 찍어야 작품이 잘 보일까?

– 어디에 전시할까?

참고사항

- 물에 띄울 자료를 다양한 색, 크기, 형태로 제공한다.
- 유리그릇이나 접시에 물을 담고 꽃잎이나 나뭇잎을 띄울 수도 있다.
- 체나 국자를 이용하여 떠있는 자료들을 건져 보는 활동을 할 수 있다.
- 여름철에 시원한 물놀이와 함께 할 수 있다.

활동 7 모양 그림자 만들기

대 상 3, 4세 유아

활동목표

- 빛과 그림자의 관계를 이해한다.
- 창의적 구성력을 발달시킨다.
- 심미감과 정서적 안정감을 느낀다.

활동자료 모양 막대, OHP, 스크린

준비사항

- 마분지를 동그라미, 세모, 네모, 별 등 다양한 모양으로 오린 후 나무젓가락에 붙여서 모양 막대를 만들어 놓는다.
- 스크린을 준비하거나 벽에 커다란 전지를 붙여 놓는다.

활동방법

① 유아들과 소집단으로 모여 앉아 모양 막대를 보며 이야기를 나눈다.
 – 어떤 모양이 있니?
 – 동그라미 2개를 붙여 놓으니까 무슨 글자가 되었니?

② OHP로 빛을 비추어 모양 막대를 벽에 비춰본다.
 – 별 모양 막대를 빛으로 비추니까 벽에 무엇이 생겼니?
 – 그래, 별 그림자가 생겼네.
 – 이번에는 네모 모양 막대를 흔들어보자.

③ 유아들과 함께 모양 막대를 여러 방법으로 비추어 모양 그림자를 만든다.
 – 무엇같이 보이니?

활동 8 은박지 벽화

대 상 4, 5세 유아

활동목표

- 벽화를 만들며 형태개념을 발달시킨다.
- 입체적으로 표현하는 창의적 구성력을 발달시킨다.
- 심미감을 기른다.

활동자료 우드락 조각, 우드락 판(20×20㎝), 접착제, 은박지, 면봉, 유성 매직펜

준비사항 여러 가지 형태, 크기의 우드락 조각을 준비한다.

활동방법

① 우드락 판에 여러 가지 우드락 조각을 붙여서 꾸미는 활동을 제안한다.

– 우드락 조각을 붙여서 어떤 모양을 만들어 볼까?

– 어떤 조각을 붙일까?

– 접착제를 면봉에 묻혀서 바르고 조각을 붙이자.

② 우드락 조각을 몇 개씩 겹쳐 붙여서 음양이 두드러지게 표현한다.

– 여기에 우드락 조각 1개를 더 겹쳐 붙이면 어떻게 될까?

③ 은박지를 우드락 판에 씌운다. 손가락으로 은박지를 문질러 우드락 조각의 형태가 나타나도록 한다.

– 어떻게 해야 은박지가 뚫어지지 않고 모양이 잘 나타나게 될까?

– 은박지를 씌우니까 느낌이 어떠니?

④ 은박지 벽화에 유성 매직펜으로 그림을 그려 꾸민다.

⑤ 벽면에 친구들이 만든 은박지 벽화를 붙여 공동작품으로 전시한다.

– 벽화작품을 어떤 모양으로 붙일까?

– 이 벽화 옆에는 누구의 작품을 붙이면 어울릴까?

활동 9 재활용품으로 동물 만들기

대상 4, 5세 유아

활동목표

- 재활용품을 다양한 방법으로 활용하는 능력을 기른다.
- 창의적 표현력을 발달시킨다.
- 다른 사람의 작품을 존중하는 태도를 기른다.

활동자료 각종 플라스틱 용기, 고무호스, 페트병 뚜껑, 모형 눈, 빨래집게, 접착제, 투명 테이프, 시트지, 블록, 상자

준비사항 각종 플라스틱 용기(세제통, 샴푸 통, 약통, 필름 통, 컵라면 용기, 젖산균 음료통 등)를 물로 깨끗이 닦아 건조해 놓는다.

활동방법

① 여러 가지 자료를 탐색하며 재활용방법에 대해 토의한다.
 – 이 물건들을 어떻게 다시 활용할 수 있을까?

② 플라스틱 용기를 탐색하며 동물의 모습을 연상해 본다.
 – 이 통을 보니까 어떤 동물의 모습이 떠오르니?
 – 어떻게 동물을 만들 수 있을까?

③ 준비된 자료를 활용하여 동물(예 코끼리)을 만든다.
 – 어떤 것으로 코끼리 몸을 만들어 볼까?
 – 코는 무엇으로 하면 좋겠니?

④ 여러 유아가 만든 동물을 전시하고 감상한다.
 – 동물들이 어떻게 전시되어 있니?
 – ○ ○는 이 동물을 무엇으로 만들었을까?

참고사항

- 다른 유아의 의견을 경청하면서 전시방법을 의논하도록 격려한다.
- 완성한 후 래커를 뿌리거나 아크릴 물감으로 색칠할 수도 있다.
- 여러 가지 재활용품으로 자동차나 집 등 다양한 형태를 만들어본다.

활동 10 입체 지도 만들기

대 상 5세 유아

활동목표

- 지형에 대한 이해력이 발달한다.
- 입체 구성력을 발달시킨다.

활동자료 찰흙, 나뭇가지, 블록 소품(나무 모형, 집 모형, 사람 모형 등), 분무기, 물, 쟁반이나 커다란 화분받침, 다양한 지형의 사진이나 화보

활동방법

① 5~6명씩 소집단을 구성하여 다양한 지형의 사진이나 화보를 보면서 이야기를 나눈다.

–무슨 사진이니?

–이런 곳을 무엇이라 할까?

② 입체 지도 만들기를 계획한다.

–어느 곳의 지도를 만들어 볼까?

③ 쟁반이나 화분받침에 찰흙으로 높고 낮은 지형을 만든다.

–어디를 높게 하고 어디를 낮게 할까?

④ 나뭇가지와 블록 소품으로 꾸미고 물을 채워서 연못이나 호수를 만든다.

–나뭇가지는 어디에 놓을까?

–집은 어디에 세우는 것이 좋겠니?

⑤ 유아가 만든 입체 지도를 함께 보며 감상한다.

–이런 곳에서 살면 기분이 어떨까?

참고사항

- 실외의 모래밭에서 입체 지도를 만들 수 있다. 호수나 강을 만들 곳에는 비닐을 깔아 물이 밑으로 빠져나가지 않게 한다.

활동 11 헌 장난감 새로 꾸미기

대 상 5세 유아

활동목표

- 환경 보호를 위한 재활용의 의미를 이해한다.
- 창의적 사고력과 문제 해결력을 발달시킨다.
- 성취감을 느낀다.

활동자료 헌 장난감, 도화지, 아크릴 물감, 붓, 매니큐어, 크레파스, 수수깡, 나무 젓가락, 이쑤시개, 모루, 리본 끈, 부직포, 헝겊, 레이스, 단추, 액세서리, 접착제

준비사항

- 각 가정에서 헌 장난감을 가지고 오도록 한다.
- 여러 가지 색깔의 액세서리와 매니큐어를 준비한다.
- 실외 놀이 시간에 플라스틱 제품은 잘 닦고 헝겊 인형은 깨끗이 빨아서 말린다.
- 환경을 보호하기 위한 재활용의 의미에 대해 이야기를 나눈다.

활동방법

① 헌 장난감을 재활용하는 방법을 생각한다.
 – 헌 장난감을 어떻게 재활용할 수 있을까?
 – 어떤 방법으로 새롭게 꾸밀까?

② 헌 장난감의 새로운 모습을 상상하여 도화지에 그림을 그리며 계획한다.
 – 어떤 모양으로 바꿀까?
 – 이 인형에는 어떤 옷을 만들어 입힐까?
 – 바꾸고 싶은 모습을 그림으로 그려보자.

③ 계획한 대로 헌 장난감을 꾸미고 잘 말린다.
 – 무엇을 붙일까?
 – 어떤 장식으로 꾸미면 예뻐질까?
 – 왜 이렇게 새로 꾸미고 싶은 생각을 하게 되었니?

④ 여러 유아와 함께 새롭게 꾸며진 장난감을 감상한다.

- 모습이 어떻게 달라졌니?
- 새로 꾸며서 좋은 점이 무엇일까?
- 새로 꾸민 장난감에 어떤 이름을 붙여줄까?

참고사항

- 환경의 날(6월 5일)에 실시할 수 있다.
- 헌 장난감을 사진 찍어 놓은 후, 새롭게 꾸민 모습과 비교해 본다.
- 자동차나 로봇의 작은 부품은 매니큐어로 칠하는 것이 좋다.

활동 12 세계 환경 신문 만들기

대 상 5세 유아

활동목표

- 신문의 필요성을 안다.
- 세계 여러 나라의 환경에 관심을 갖는다.
- 창의적 표현력을 발달시킨다.

활동자료 여러 나라의 환경 관련 기사, 종이(4절지), 가위, 풀, 크레파스, 색연필, 매직펜, 사인펜, 신문

준비사항

- 여러 나라의 환경에 관련된 기사를 수집해 놓는다.
- 5~6명을 한 집단으로 구성한다.

활동방법

① 수집해 놓은 기사를 보며 환경과 관련된 이야기를 나눈다.
 – 어떤 내용이니?
 – 다른 나라에서는 어떤 일이 일어났니?
 – 어떤 환경문제가 있는 것 같으니?

② 환경에 대한 소식을 여러 사람에게 알리려는 '세계 환경 신문'을 만들어 보기로 한다.
 – 신문을 어떻게 만들까?
 – 어떤 내용을 실을까?

③ 종이에 '세계 환경 신문' 이름을 쓰고 날짜를 기록한다.
 – 신문 이름을 무엇이라고 할까?
 – 어디에 신문 이름을 쓸까?
 – 누가 글씨를 쓸까?

④ 신문이나 잡지에서 관련 자료를 오려 붙이고 제목을 쓴다.
 – 이 기사는 어디에 붙일까?
 – 이 기사의 제목은 무엇이라 할까?

⑤ 세계 환경 신문에 넣을 광고를 생각하여 그림과 글로 표현한다.

- 세계 환경 신문에 어떤 광고가 들어가면 좋을까?
- 광고 그림을 어떻게 그릴까?

⑥ 유아들이 만든 세계 환경 신문을 게시판에 붙여놓고 함께 읽는다.

- 어떤 기사들이 있니?
- 신문을 보고 무엇을 알 수 있니?
- 환경을 보호하려면 어떤 일을 할 수 있을까?

참고사항

- 유아들이 만든 신문을 각 가정으로 보낸다.

활동 13

자동차 광고 포스터

대상 5세 유아

활동목표

- 광고의 필요성을 인식한다.
- 창의적 표현력을 기른다.

활동자료 자동차 잡지나 광고지, 자동차 광고가 있는 신문지, 도화지, 가위, 풀, 매직펜

활동방법

① 자동차 광고를 보며 광고의 필요성에 대해 이야기를 나눈다.
- 무슨 광고이니?
- 왜 광고가 필요할까?
- 광고에 무엇이라 쓰여 있니?
- 광고를 보니까 어떤 느낌이 드니?

② 자동차 광고지를 만들려고 자동차 사진을 오려 도화지에 붙인다.
- 어떤 종류의 자동차를 광고하고 싶으니?
- 자동차의 어떤 모습을 광고하는 것이 좋을까?

③ 광고 문구를 매직펜으로 도화지에 쓴다. 유아가 글자를 못 쓰는 경우에는 교사가 써준다.
- 어떤 점이 좋다고 말하고 싶으니?
- 무엇이라고 광고하면 좋을까?
- 또 어떤 내용을 쓸까?

④ 광고 포스터 뒤에 배지를 대거나 패널로 만들어 전시한다.
- 어떤 친구의 포스터가 마음에 드니?

참고사항

- 자동차 이외에 다른 여러 가지 상품에 대한 광고지를 만들어본다.

제11장

봄·여름·가을·겨울

- 봄
  - 비눗방울 그림
  - 사탕꽃다발 만들기
  - 나뭇잎 물감 찍기
  - 액자 꾸미기
- 여름
  - 아이스크림 막대 그림
  - 얼음 막대 그림
  - 비 오는 날 풍경화
  - 우산 퍼포먼스
- 가을
  - 모루 과일
  - 나뭇잎 모양 짜기
  - 허수아비 만들기
  - 포푸리 주머니 만들기
- 겨울
  - 눈 위에 그림 그리기
  - 털실 그림
  - 요셉의 오버코트 꾸미기
  - 얼음 블록 조각품

봄 1 비눗방울 그림

대상 2세 영아

활동목표

- 입으로 부는 활동을 통해 신체 조절능력을 발달시킨다.
- 다양한 색깔의 미적 요소를 지각한다.
- 비눗방울 놀이를 통해 즐거움을 느낀다.

활동자료 이젤, 종이, 물 세제(과일이나 채소 세척용), 식용색소, 종이컵, 모루 고리, 크레파스

준비사항

- 모루를 다양한 길이로 잘라 나무젓가락에 감아서 고리를 만든다.
- 투명한 플라스틱 용기에 물 세제와 식용색소를 넣고 혼합한 후 종이컵에 담아 놓는다.

활동방법

① 비눗물을 탐색해 본다.
  – 무엇일까? 물에 비누를 넣어서 만든 비눗물이야.
  – 무슨 색깔이니?

② 비눗물에 모루 고리를 담갔다가 빼서 입으로 분다.
  – 무엇이 만들어졌니?
  – 비눗방울이 어떻게 움직이니?

③ 이젤 앞에 서서 종이를 향해 비눗방울을 분다.
  – 종이에 비눗방울이 닿게 하려면 어떻게 불어야 할까?
  – 비눗방울이 터지니까 어떤 모양이 만들어졌니?

④ 비눗방울이 마르면 크레파스로 그림을 덧그린다.

참고사항

- 활동 순서를 바꾸어서 먼저 크레파스로 그림을 그린 후 비눗방울 그림 그리기를 할 수 있다. .

봄 2 사탕꽃다발 만들기

대 상 3, 4세 유아

활동목표

- 사탕 꽃다발을 만들며 소근육 운동능력이 발달한다.
- 성취감과 즐거운 마음을 가진다.
- 낱개로 포장된 사탕을 구성하며 미적 감각을 기른다.

활동자료 낱개로 포장된 사탕, 모루나 철삿줄, 리본, 셀로판 종이

활동방법

① 준비된 자료를 살펴본다.
- 사탕으로 무얼 할 수 있을까?
- 이 셀로판 종이는 무슨 색깔이니?
- 셀로판 종이를 눈에 대보자. 물건이 무슨 색으로 보이니?

② 사탕으로 꽃다발 만들기를 제안한다.
- 사탕을 꽃으로 생각하고 꽃다발을 만들어 볼까?
- 어떤 꽃다발을 만들까?

③ 사탕의 한쪽 끝을 모루나 철삿줄로 묶어 꽃줄기를 만든다.
- 사탕 꽃의 줄기를 어떻게 만들까?
- 꽃다발을 만들려면 사탕 꽃 몇 개가 필요하니?

④ 셀로판 종이로 사탕 다발을 포장하여 꽃다발을 만든다.
- 무슨 색깔 셀로판 종이로 포장할까?
- 포장을 더 예쁘게 하려면 이 리본을 어디에 묶을까?

참고사항

- 어린이날 선물로 활용할 수 있다.

봄 3 나뭇잎 물감 찍기

대 상 4, 5세 유아

활동목표

- 나뭇잎의 생김새를 관찰한다.
- 손의 조절능력을 발달시킨다.
- 미적 감각을 기른다.

활동자료 여러 종류의 나뭇잎, 물감, 붓, 도화지, 접시, 가위, 투명 테이프, 나무 본

준비사항

- 주변 공원을 산책하면서 여러 종류의 나뭇잎을 수집한다.
- 골판지로 커다란 나무 본을 만들어 벽에 붙여 놓는다.

활동방법

① 나뭇잎을 탐색한다.
 – 어떤 무늬가 있니?

② 나뭇잎의 뒷면에 붓으로 물감을 칠한다.
 – 어떤 색깔로 칠할까?

③ 도화지에 물감칠한 나뭇잎을 놓고 살짝 누른다.
 – 무늬가 어떻게 나왔니?

④ 잘 말린 후 나뭇잎 형태대로 오린다.
 – 어떤 나뭇잎이 만들어졌니?

⑤ 벽에 붙여진 커다란 골판지 나무에 나뭇잎을 붙인다. 이때 바람 부는 날을 연상하며 흩날리듯이 붙인다.
 – 바람이 어느 쪽에서 분다고 할까?

참고사항

- 물감의 농도를 적절하게 맞춘다.
- 붓으로 물감을 칠하는 대신 물감 접시에 나뭇잎을 담갔다가 찍기를 할 수도 있다.

봄 4

액자 꾸미기

대 상 5세 유아

활동목표

- 여러 자료를 활용하여 미술작품을 만드는 경험을 한다.
- 미적 감각을 기른다.

활동자료 나무 액자, 핸디코트, 아이스크림 막대, 스팽글, 신문지, 가족사진

준비사항
- 유아들의 옷소매를 걷어주거나 작업복을 입히고 책상 위에 비닐이나 신문지를 깔아 놓는다.
- 종이컵에 핸디코트를 담아 놓는다.

활동방법

① 나무 액자 꾸미는 방법을 생각해 본다.
- 어떻게 액자를 꾸밀까?
- 이것은 핸디코트라고 하는데, 이걸 본 적이 있니?

② 나무 액자에 아이스크림 막대로 핸디코트를 바른다.
- 액자에 핸디코트를 바르니 어떻게 되었니?

③ 핸디코트를 바른 나무 액자에 스팽글을 손으로 눌러 박는다.
- 스팽글을 박으니까 어떻게 되었니?

④ 잘 말린다.

⑤ 완성된 액자에 가족사진을 끼워 전시하고 감상한다.
- 사진을 보니 어떤 느낌이 드니?
- 어떤 액자가 제일 마음에 드니?

참고사항

- 핸디코트는 일종의 석고형 간이 페인트로 6시간 정도면 완전히 마른다.
- 핸디코트를 발라서 잘 말린 다음 아크릴 물감으로 그림을 그려도 된다.
- 가족사진 액자를 포장해서 어버이날 부모님께 선물로 드린다.

여름 1 아이스크림 막대 그림

대 상 2세 영아

활동목표

- 손과 눈의 협응력을 발달시킨다.
- 다양한 사물을 이용한 그림 그리기 경험을 한다.
- 미적 감각을 기른다.

활동자료 아이스크림 막대, 물감, 색 풀, 도화지

준비사항

- 가정통신문을 통해 아이스크림 막대를 수집한다. 깨끗이 씻어서 말려 가지고 오도록 한다.
- 밀가루 풀에 색소를 넣어 색 풀을 만든다.

활동방법

① 아이스크림 막대를 탐색한다.
  - 무엇일까?
  - 무엇으로 만들어졌니?
  - 이것으로 어떻게 그림을 그릴 수 있을까?

② 아이스크림 막대로 색 풀을 떠서 그림을 그린다.
  - 색 풀로 그리니까 어떤 느낌이 드니?

③ 색 풀에 다른 물감을 혼합하면서 색의 변화를 관찰하도록 한다.
  - 무슨 색의 물감이니?
  - 색 풀에 다른 색 물감을 섞으니까 어떤 색깔이 만들어졌니?

④ 그림을 그린 후 건조한다.

참고사항

- 크레파스로 윤곽 그림을 그리고 아이스크림 막대로 색 풀을 칠할 수 있다.
- 아이스크림 막대로 물감 찍기를 한다. 막대를 뉘어서 찍거나 세워서 찍는 등 다양한 방법으로 찍기를 한다.

여름 2

얼음 막대 그림

대 상 2세 영아

활동목표

- 소근육 발달을 돕는다.
- 얼음이 녹는 과정을 관찰한다.
- 창의적 표현력을 발달시킨다.

활동자료 색깔 얼음 막대, 도화지

준비사항 물에 색소를 넣어 얼음 틀에 부은 후 아이스크림 막대나 면봉을 꽂아 얼려서 얼음 막대를 만든다.

활동방법

① 얼음을 만져보며 탐색한다.
 – 얼음을 만져보니 어떤 느낌이 드니?
 – 얼음 막대로 무엇을 할 수 있을까?

② 종이에 얼음 막대로 그림을 그린다.
 – 그림을 그릴 때 어떤 느낌이 드니?
 – 그림이 어떻게 그려지니?

③ 여러 가지 색깔의 얼음 막대로 색을 혼합하며 그림을 그려본다.
 – 색깔을 섞어서 그리니까 어떻게 되었니?
 – 어떤 그림이 그려졌니?

④ 얼음 막대로 그림을 그린 후 그대로 말린다.
 – 무엇처럼 보이니?
 – 크레파스로 그린 그림과 어떤 점이 다르니?

참고사항

- 얼음 막대로 그림을 그릴 때 너무 세게 문지르면 종이가 젖어 찢어지므로 유의하도록 한다.
- 얼음 막대 그림을 크레파스나 색종이로 덧붙여 꾸밀 수 있다.

여름 3

비 오는 날 풍경화

대 상 3, 4세 유아

활동목표

- 손과 눈의 협응력 및 소근육 발달을 돕는다.
- 경험한 것을 표상하는 능력을 발달시킨다.
- 빗물을 표현하며 심미감을 기른다.

활동자료 도화지, 크레파스, 물감, 붓, 이젤

준비사항 비 오는 날, 바깥 풍경이 잘 보이는 곳에 이젤을 세워 놓는다.

활동방법

① '비 오는 날'이라는 주제로 그림을 그려보기로 한다.
  – 어떤 그림을 그리고 싶으니?
  – 무엇으로 그리면 좋을까?

② 크레파스로 비 오는 날의 장면을 그린다.
  – 비가 오는 날에는 사람들이 어떻게 하고 다닐까?
  – 비를 맞은 사람들의 표정은 어떨까?
  – 또 어떤 것들이 비를 맞을까?

③ 붓에 물감을 묻혀 물감이 흘러내리게 한다.
  – 비가 내리는 것처럼 하려면 어떻게 해야 할까?
  – 물감이 어떻게 흘러내리니?
  – 그림이 어떻게 되었니?

④ 그림을 잘 말린다.

참고사항

- 분무기를 이용하여 물감을 뿌려 볼 수도 있다.

여름 4 우산 퍼포먼스

대 상 5세 유아

활동목표

- 영화 포스터를 감상할 기회를 갖는다.
- 다양한 사물을 활용하여 창의적으로 표현하는 능력을 발달시킨다.
- 심미감을 기른다.

활동자료 '우산' 주제의 영화 포스터(예 셸부르의 우산, 사랑은 비를 타고) 또는 동화(예 노란 우산), 다양한 색깔의 우산, 호스, 카메라

준비사항

- 물놀이를 할 수 있도록 수도에 긴 호스를 연결해 놓는다.
- 유아들의 수만큼 우산을 준비한다. 가정통신문을 통해 우산을 가져오도록 한다.

활동방법

① 영화 포스터나 동화 그림을 보며 이야기를 나눈다.
  – 어떤 장면이니?

② 유아들과 함께 우산을 쓰고 새로운 장면을 구상한다. 교사가 호스로 비를 만들어 뿌리면 유아들은 계획한 장면을 연출한다.
  – 어떤 자세를 취하면 좋겠니?
  – 새로운 장면을 어떻게 만들까?

③ 유아들이 꾸미는 영화 포스터나 그림 장면을 카메라로 찍는다. 크게 확대한 사진을 보면서 포스터나 그림의 제목을 붙인다.
  – 어떤 제목을 붙여볼까?

참고사항

- 유아들이 마음껏 물놀이를 할 수 있도록 수영복으로 갈아입거나 여벌의 옷을 따로 준비한다.
- 놀이가 끝나면 마른 수건으로 머리와 몸을 닦도록 한다.

가을 1

모루 과일

대 상 2, 3세 영유아

활동목표

- 모루를 조작하면서 손의 조절능력을 기른다.
- 형태개념을 발달시킨다.
- 성취감과 정서적 안정감을 느낀다.

활동자료 모루, 색종이, 색연필, 가위, 펀치, 낚싯줄, 여러 가지 과일

준비사항

- 과일을 매달 수 있도록 천장에 모빌을 걸어 놓거나 게시판을 이용한다.

활동방법

① 여러 가지 과일을 탐색한다.
 – 어떤 모양이니?
 – 모루로 과일을 만든다면 어떻게 만들 수 있을까?

② 모루로 과일 주위를 한두 번 둘러서 둥근 모양을 본뜬다.
 – 어떻게 하면 과일 모양이 만들어질까?
 – 어떤 과일을 만들까?

③ 색종이에 과일 잎을 그린 후 오린다.
 – 사과 잎은 어떻게 생겼니?

④ 교사가 과일 잎에 펀치로 구멍을 내 주어 모루 과일에 끼우게 한다.
 – 어떻게 끼울까?

⑤ 모루 과일에 낚싯줄을 매달아 천장에 달아준다.
 – 무슨 과일 모양이니?

참고사항

- 2세 영아는 교사가 과일 잎을 미리 오려 준비해 준다.

가을 2 나뭇잎 모양 짜기

대 상 3, 4세 유아

활동목표

- 나뭇잎의 생김새에 관심을 갖는다.
- 색깔 털실을 사용하면서 미적 감각을 기른다.

활동자료 여러 가지 모양의 나뭇잎 본, 다양한 색깔의 털실, 투명 테이프

준비사항

- 게시판이나 벽에 커다란 나무줄기를 만들어 놓는다.
- 나뭇잎 본 가장자리에 홈을 파놓는다.
- 과학영역에서 돋보기를 이용하여 나뭇잎의 생김새와 나뭇잎의 결을 관찰한다.

활동방법

① 나뭇잎 본을 탐색하며 털실로 나뭇잎의 결을 만드는 방법을 생각한다.
 – 어떻게 나뭇잎의 결을 만들 수 있을까?
 – 털실로 어떻게 할 수 있을까?

② 나뭇잎 본의 홈에 털실을 이리저리 직조해서 나뭇잎 결을 만든다.
 – 털실을 홈에 어떻게 걸을까?
 – 어떤 모양의 나뭇잎 결을 만들까?

③ 벽에 붙여 있는 커다란 나무줄기에 나뭇잎을 매단다.
 – 무슨 나무 같니?
 – 느낌이 어떠니?

참고사항

- 나무 종류별로 나뭇잎을 직조하여 꾸밀 수 있다(예 은행나무, 단풍나무).

가을 3 허수아비 만들기

대 상 4, 5세 유아

활동목표

- 소근육 및 눈과 손의 협응력을 발달시킨다.
- 허수아비를 꾸미며 상상력을 발달시킨다.
- 성취감과 정서적 안정감을 느낀다.

활동자료 허수아비의 얼굴과 옷본, 나무젓가락 2개, 신문지, 다양한 옷감 조각, 모형 눈, 사인펜, 빵 줄, 리본, 갈대, 나뭇가지, 스티로폼 판, 풀, 가위, 펀치

준비사항

- 골판지를 이용하여 허수아비의 얼굴 본과 옷본을 만들어 놓는다. 앞면과 뒷면 두 겹으로 만든다.
- 나무젓가락 2개를 엮어 뼈대를 만든다.

활동방법

① 준비된 자료로 허수아비를 만들어 보자고 제안한다.

- 무엇이 준비되어 있니?
- 허수아비를 만든다면 어떻게 만들 수 있을까?

② 허수아비의 옷본에 여러 가지 헝겊 조각을 붙여 꾸민다.

- 허수아비를 본 적이 있니?

③ 허수아비의 얼굴 본을 꾸민다.

- 어떤 표정을 만들까?

④ 나무젓가락 뼈대에 허수아비 얼굴과 옷을 붙인다.

– 어떻게 붙일까?

⑤ 신문지로 모자를 접어 허수아비 머리에 씌운다.

– 어떤 모양으로 접을까?

– 모자를 씌우니 어떤 모습이 되었니?

⑥ 허수아비를 스티로폼 판에 꽂고 주변을 갈대로 장식하여 가을 농촌의 풍경을 꾸민다.

– 허수아비를 어디에 꽂을까?

– 가을의 농촌 풍경을 어떻게 꾸밀까?

참고사항

- 허수아비를 화분에 꽂아도 된다.
- 신문지로 다양한 모자를 접어보도록 한다.

가을 4

포푸리 주머니 만들기

대 상 5세 유아

활동목표

- 자연물에서 미적 요소를 발견한다.
- 형태 감각을 발달시킨다.
- 손과 눈의 협응력과 소근육 발달을 돕는다.

활동자료 바구니, 주머니 본, 레이스 천이나 망사 천, 연필, 가위, 비누조각, 리본, 핑킹가위, 접착제, 돗바늘, 실

준비사항

- 여러 가지 모양의 주머니 본을 만들어 놓는다.
- 바늘에 실을 끼우고 매듭을 지어 놓는다.
- 실외놀이 시간에 떨어진 꽃잎이나 나뭇잎을 바구니에 주워서 그대로 말린다.

활동방법

① 포푸리 주머니 만드는 방법을 생각해 본다.
 – 마른 꽃잎과 나뭇잎을 오랫동안 보관하려면 어떻게 해야 할까?
 – 무엇으로 주머니를 만들까?

② 천을 두 겹으로 접은 후 주머니 본을 대고 본뜨기를 한다.
 – 어떤 모양의 주머니를 만들까?
 – 본뜨기는 어떻게 할까?

③ 시접을 남긴 채 가위로 오리고 선을 따라 접착하거나 바느질을 한다.
 – 주머니가 되려면 어디를 붙여야 할까?

－마른 꽃잎을 넣는 입구를 어느 쪽으로 할까?

④ 마른 꽃잎과 나뭇잎을 망사 주머니에 담고 비누조각을 넣는다.

－만지니까 느낌이 어떠니?

－비누조각을 넣으니까 어떤 냄새가 나니?

⑤ 주머니를 리본으로 묶고 핑킹가위로 다듬는다.

－어떤 리본으로 묶을까?

참고사항

- 돗바늘을 안전하게 사용하도록 주의를 주며 사용 후 반드시 제자리에 꽂아 놓도록 한다.
- 어린 유아는 구멍이 큰 망사 천에 리본 끈을 끼워 주머니를 만든다.

겨울 1 눈 위에 그림 그리기

대 상 2세 영아

활동목표

- 눈의 특성을 경험한다.
- 자연의 아름다움을 경험한다.
- 눈과 손의 협응력을 기른다.

활동자료 긴 막대, 바퀴 달린 놀잇감(큰 자동차, 끌고 다니는 인형)

준비사항

- 눈이 쌓인 날 실외에서 활동한다.

활동방법

① 다양한 방법으로 눈을 탐색한다.

－하얀 눈이 많이 왔어요.

－눈을 만져보자. 어떠니?

－○○야, 차갑지?

－눈 위를 걸어보자. 발자국이 생겼네.

－눈을 밟으니까 어떤 소리가 나니?

② 막대기, 놀잇감을 가지고 눈 위에 그림을 그린다.

－막대기로 눈 위에 그림을 그려보자.

－○○는 동그라미를 그렸네.

－자동차를 굴리니까 어떤 자국이 생겼니?

－이번에는 발자국으로 여러 모양을 만들어 보자.

참고사항

- 물감을 분무기에 담아 눈 위에 뿌려보게 하거나 분말염료를 양념통에 담아 뿌려보게 한다.

겨울 2 털실 그림

대상 3, 4세 유아

활동목표

- 털실을 이용해 그림 그리며 선에 대한 개념이 발달한다.
- 색 털실을 이용하며 색의 아름다움을 느낀다.
- 털실 그림을 그리며 창의적인 표현력을 기른다.

활동자료 도화지, 여러 색상의 털실, 가위, 풀이나 접착제, 크레파스

준비사항

- 털실을 다양한 길이로 잘라 놓는다.

활동방법

① 준비된 자료를 살펴본다.
 – 무슨 색깔의 털실이니?
 – 털실을 만져보자. 어떤 느낌이니?
 – 털실을 종이에 붙이려면 무엇이 필요할까?

② 털실을 붙여서 그림 그리는 방법을 생각해 본다.
 – 털실을 가지고 그림을 그릴 수 있을까?
 – 종이에 풀칠하고 그 위에 털실을 붙여볼까?
 – 그래, ○○가 말한 것처럼 크레파스로 윤곽 그림을 그리고 털실을 붙일 수도 있겠네.

③ 종이에 털실을 다양한 모양으로 붙인다.
 – 털실을 어떤 모양으로 붙여볼까?
 – ○○는 파도 모양같이 털실을 붙였네.
 – 빨강, 노랑, 초록색 털실을 위에서 아래로 길게 붙였구나.

④ 작품을 잘 말린 후 전시하여 감상한다.
 – 친구의 털실 그림을 보니 어떤 느낌이 드니?

겨울 3

요셉의 오버코트 꾸미기

대 상 4, 5세 유아

활동목표

- 그림책을 감상하며 미적 요소를 탐색한다.
- 여러 종류의 천을 탐색하며 색상과 질감의 차이를 느낀다.
- 창의적 구성력을 발달시킨다.

활동자료 그림책『요셉의 작고 낡은 오버코트가』, 오버코트 본, 마분지, 색종이, 여러 가지 천 조각, 단추, 털실, 사인펜, 가위, 접착제, 투명 테이프

준비사항

- 도화지로 오버코트 본을 만들어 놓는다.
- 그림책『요셉의 작고 낡은 오버코트가』를 읽은 후 주인공의 특성이나 줄거리에 대해 이야기를 나눈다.

활동방법

① 그림책의 내용을 회상한다.

 – 요셉의 옷이 어떻게 변화되니?

② 요셉의 오버코트를 꾸며 보자고 제안한다.

 – 요셉에게 어떤 오버코트를 만들어줄 수 있을까?

 – 어떻게 꾸며 볼까?

③ 오버코트 본에 여러 가지 천을 붙여서 코트를 만든다.

 – 어떤 모양의 오버코트를 만들까?

 – 무슨 무늬로 할까?

–이 천 조각을 만져보니 어떤 느낌이 드니?

④ 마분지에 요셉의 오버코트를 붙이고 얼굴과 신발을 그려 꾸민다.

–어떤 얼굴 모습으로 그릴까?

–수염은 무엇으로 붙일까?

–신발을 어떤 모양으로 할까?

참고사항

- 오버코트뿐 아니라 새로운 아이디어로 요셉의 옷을 만들어본다(예 멜빵 바지, 스웨터).
- 유아들의 작품을 가위로 오리고 뒷면에 막대를 붙여 인형극을 할 수 있다.

겨울 4

얼음 블록 조각품

대 상 4, 5세 유아

활동목표

- 눈과 얼음의 특징을 이해한다.
- 얼음 조각을 하며 공간 구성력을 발달시킨다.
- 친구의 작품을 감상하는 기회를 갖는다.

활동자료 눈, 다양한 형태의 색깔 얼음 블록

준비사항

- 다양한 용기에 물감 넣은 물을 얼려서 여러 형태의 색깔 얼음 블록을 만든다.

활동방법

① 눈과 얼음을 만져보며 어떤 특성이 있는지 탐색한다.
  – 눈을 뭉치니까 어떻게 되었니?
  – 얼음을 녹지 않게 하려면 어떻게 해야 할까?
② 얼음 블록으로 조각품 만드는 방법을 생각해 본다.
  – 얼음 블록으로 무엇을 할 수 있을까?
  – 얼음 블록에 눈을 묻혀서 쌓으면 어떻게 될까?
③ 얼음 블록으로 조각물을 만든다.
  – 어떤 조각물을 만들까?
  – 얼음 블록으로 조각물을 만드니까 어떠니?
④ 다른 친구들의 얼음 블록 조각물을 감상한다.
  – 어떤 느낌이 드니?
  – 무엇을 만든 것 같으니?

참고사항

- 눈이 많이 온 후에 할 수 있는 활동으로 장갑을 준비한다.
- 추운 날 여러 용기에 물을 담아 실외에서 얼려 사용할 수 있다.

참고문헌

교육과학기술부(2008). 유치원 교육 과정 해설 I: 총론. 서울: 교육과학기술부.

____________(2008). 유치원 교육 과정 해설 III: 표현생활, 언어생활, 탐구생활. 서울: 교육과학기술부.

____________(2009). 유치원 지도서 I 총론. 서울: 교육과학기술부.

____________(2011). 유치원 교육과정. 교육과학기술부 고시 제2011 - 30호.

교육과학기술부·보건복지부(2012). 5세 누리과정 해설서. 서울: 교육과학기술부·보건복지부.

____________________(2012). 3~5세 누리과정 해설서. 서울: 교육과학기술부·보건복지부.

교육부(1995). 유아발달에 적합한 유치원 실내교육환경. 서울: 교육부.

교육인적자원부(2005). 유아를 위한 명화감상활동 자료. 서울: 교육인적자원부.

권미혜·방혜경·이숙재(2012). 감각을 활용한 미술교육이 만 2세 영아의 정서지능에 미치는 효과. 어린이 미디어 연구, 11(1), 1 - 23.

김옥식(2009). 다양한 재료의 반복표상을 통한 유아의 인물표현에 관한 실행 연구. 홍익대학교 교육대학원 석사학위논문.

김재은(2002). 그림에 의한 아동의 심리진단. 서울: 교육과학사.

김정(1985). 兒童繪畵의 理解. 서울: 창지사.

김정미(2011). 미술감상을 통한 유아 수학교육프로그램 개발 및 적용효과. 중앙대학교 대학원 박사학위논문.

김정희(1985). 인지능력과 묘화 활동의 상관성에 관한 연구. 이화여자대학교 교육대학원 석사학위논문.

김지영(2011). 만 3, 4, 5세 유아의 그리기 표현의 특성에 대한 연구. 중앙대학교 대학원 석사학위논문.

김진경(2009). 유아의 애착 유형에 따른 동적 가족화 연구. 열린유아교육연구, 14(3), 337 - 357.

김희영(2004). 유아교사의 미술교수효능감과 유아의 입체미술표현능력 및 표현과정에 관한 연구. 덕성여자대학교 교육대학원 석사학위논문.

김현정(1997). 정상아동과 장애아동의 동작성 가족화 비교 연구. 이화교육논총, 8, 127 - 139.

김혜금(2011). 영유아미술. 경기도 : 21세기사.

김혜전(2011). 자연유치원 만 5세아의 그림 그리기 활동에 대한 문화기술적 연구. 이화여자대학교 대학원 석사학위논문.

김혜진(2009). 전자 포트폴리오를 활용한 평가방법 개발 연구: 유아미술교육을 중심으로. 경희대학교 교육대학원 석사학위논문.

라원애(2001). 5세·7세·9세 아동의 그림에 나타난 주제·색채·형태 표현 분석. 서원대학교 교육대학원 석사학위논문.

문세라(2005). 통합적 미술 감상활동이 유아의 미술표현력과 창의성에 미치는 영향. 연세대학교 교육대학원 석사학위논문.

박유영·김희정·조은정(2008). 유아의 그리기표상능력과 언어능력, 공간지각력 및 창의성과의 관계. 유아교육학논집, 12(5), 411 - 428.

박은덕(1997). 은덕이의 아동화 이야기 : 아동화의 체계적 이해와 지도를 위한 101가지 문답. 서울 : 양서원.

_____(1998). 아동화에 나타난 주제 선호도에 관한 연구. 造形敎育, 第14輯, 115 - 128.

_____(1999). 아동의 사람 그림에 나타난 연령별, 성별 차이. 造形敎育, 第15輯, 237 - 247.

박은선(2005). 미술 재료 탐색활동이 유아의 입체표현에 미치는 영향. 중앙대학교 대학원 석사학위논문.

박정애(2001). 포스트모던 미술, 미술교육. 서울: 시공사.

박화윤·안라리·천은영(2001). 유치원 유아의 인물 묘화 발달의 특징에 관한 연구. 한국영유아보육학, 27, 112 - 136.

보건복지부(2011). 5세 누리과정의 영역 및 구체적 내용. 보건복지부 고시 제2011 - 106호.

_________(2012). 제2차 표준보육과정의 구체적 보육 내용 및 교사 지침. 보건복지부 고시 제2012 - 28호.

서영경(1999). 만 3, 4, 5세 유아의 점토놀이에 관한 연구. 성신여자대학교 교육대학원 석사학위논문.

송경섭(1991). 교사의 질문유형이 유아의 미술 활동시 만들기 표현에 미치는 영향. 중앙대학교 교육대학원 석사학위논문.

신유정(2003). 어머니의 취업유무에 따른 유아의 동작성 가족화 비교. 성신여자대학교 대학원 석사학위논문.

우명옥(2001). 다양한 재료 및 교사의 언어적 인정이 영아의 그림표현에 미치는 영향. 중앙대학교 대학원 석사학위논문.

양경희(1990). 視覺障碍兒와 正眼兒의 그림표현에 관한 비교 연구. 造形敎育硏究, 第5輯, 25 - 42.

______(2008). 새로운 개념에 기초한 아동미술교육. 서울: 학지사.

여성가족부(2007). 표준보육과정의 구체적 보육내용 및 교사지침. 서울: 여성가족부.

이경희·최정윤(2003). 어린이박물관에서의 미술감상을 위한 체험식, 비체험식 전시에 관한 연구. 유아교육연구, 23(3), 91 - 109.

이고은(2006). 미술교육에서 유아의 그리기 표상능력과 창의성의 상관관계 연구. 이화여자대학교 교육대학원 석사학위논문.

이미자(1998). 그림감상 활동이 유아의 그리기 표현 및 태도에 미치는 영향. 중앙대학교 교육대학원 석사학위논문.

이미현(1999). 재료의 다양성을 통한 조형활동이 유아의 개념화에 미치는 효과. 계명대학교 교육대학원 석사학위 청구논문.

이숙재·이봉선(2003). 애착 유형에 따른 유아의 동작성 가족화 연구. 한국영유아보육학, 32, 191 - 218.

이원영(1990). 주거공간에 대한 상상적 질문이 유아들의 그림표현에 미친 영향. 유아교육연구, 10, 85 - 96.

이정욱·임수진(2010). 탐색, 표현, 감상의 통합적 유아미술교육. 경기도: 정민사.

이정환(2002). 유아를 위한 조형미술 활동. 서울: 창지사.

이정환·박은혜(1996). 유아관찰워크북. 서울: 한국어린이육영회.

이지선(2005). 부모의 양육태도 일치에 따른 유아의 동작성 가족화 특성. 성신여자대학교 교육대학원 석사학위논문.

임영서(1999). 유아미술 활동 : 현장지도를 위한 이론과 실제. 서울: 정민사.

장순미(2008). 미술관 방문활동이 유아의 그림표현 능력 및 그림 감상능력에 미치는 영향. 중앙대학교대학원 박사학위논문.

장영심(2006). 유아의 애착 유형별 동적 가족화 반응 특성 연구. 대구대학교 재활과학대학원. 석사학위논문.

정문자·지혜련·이숙재·김온기(2003). 창의적 유아미술교육. 서울: 신광출판사.

정미경(1999). 미적 요소에 기초한 활동 중심 통합미술 프로그램이 유아의 미술표현 능력 및 미술 감상능력에 미치는 영향. 중앙대학교 교육대학원 박사학위논문.

지성애(2001). 미술 교수 방법이 유아의 표상능력에 미치는 효과. 유아교육연구, 21(1), 177 - 201.

_____(2007). 유아의 그리기 표상능력과 공간지각력, 언어능력 및 또래 상호작용 질과의 관계. 열린유아교육연구, 12(4), 235 - 254.

지성애·김낙홍·조성희·박지희·윤소연(2009). 유아의 그리기 표현능력과 운동능력, 유치원 적응력 및 놀이 특성과의 관계. 유아교육학논집, 13(6), 411 - 432.

한국유아교육학회(1997). 2세아를 위한 교사용 지침서. 서울: 화곡유아교육연구소.

홍선화(2002). 최근 한국 유아동의 색채심리분석에 관한 연구: 서울과 제주지역의 4~7세 유아동을 중심으로. 경희대학교 교육대학원 석사학위논문.

황순택·전영순·노은정·조윤진·여상우(2007). 인물화 지능검사의 타당도: 아동용 웩슬러 지능검사와의 비교. 한국심리학회지: 임상, 26(3), 793 - 803.

차영순(1982). 미술감상 지도의 개선방안 연구. 이화여자대학교 교육대학원 석사학위논문.

채영란(2007). 유아의 그리기 표상능력의 발달 특성과 인지능력 및 재인기억력과의 관계. 중앙대학교 대학원 박사학위논문.

_____(2008). 유아교사의 미술교수 효능감과 유아의 그리기 표상능력과의 관계. 한국영유아보육학, 54, 229 - 250.

최수현(2010). 미술 재료 탐색활동이 유아의 창의성에 미치는 영향. 덕성여자대학교 교육대학원 석사학위논문.

최영옥·이영(2000). 4~6세 아동의 미술표현발달. 兒童學會誌, 21(2), 171 - 185.

Arnheim, R. (1974). *Art and visual perception : A psychology of the creative eye*. Berkeley, CA: University of California Press.

Brittain, W. L. (1979). *Creativity, art, and the young child*. New York: Macmillan Publishing Co. Inc.

Burns, R. C., & Kaufman, S. H. (1996). 아동이 그린 가족화 분석. 장연집 역. (원서는 1972년 출판). 서울: 교문사.

Church, E. B., Krnes, M., Miller, K., Spitzley, K., & Tritch, S. (1991). *Learning through play: Art. A practical guide for teaching young children*. Scholastic Inc.

Eisner, E. W. (1995). 새로운 눈으로 보는 미술교육. 서울교육대학교 미술교육연구회 역. (원서는 1972년 출판). 서울: 도서출판 예경.

Eliason, C., & Jenkins, L. (1994). *A practical guide to early childhood curriculum*. New York: Macmillan College Publishing Company.

Essa. E. L. (1981). An outdoor play area designed for learning. *Day care and Early Education, 9*, 37 - 42.

Frost, J. L. (1992). *Play and playscapes*. Albany, New York : Delmar Publishers Inc.

Herberholz, B., & Hanson, L. (1990). *Early childhood art*. Dubugue, IA: Brown Publishers.

Isenberg, J. P., & Jalongo, M. R. (2001). *Creative expression and play in the early childhood curriculum*. New York: Prentice - Hall. Inc.

Kellogg, R. (1970). *Analyzing children's art*. Palo Alto, California: Mayfield Publishing Company

Kindler, A. (1995). Significance of adult input in early childhood artistic development. In C. M. Thompson(Ed.). *The visual arts and early childhood learning*. Reston, VA: National Art Education Association.

Kolbe, U. (1991). Planning a visual arts program for children under 5 years. In. S. Wright(ed.). *The arts in early childhood*(pp. 25 - 51). New York: Prentice Hall.

Koster, J. B. (2001). *Growing artists : Teaching art to young children*(2ed.). Albany, NY: Delmar Publishers Inc.

Lowenfeld, V., & Brittain, W. L. (1975). *Creative and mental growth*. New York: MaCmilan.

NAEYC(1991). Guidelines for appropriate curriculum content and assessment in programs serving children ages 3 through 8. *Young Children, 46*, 21 - 38.

Nathan, L. F. (1995). Portfolio assessment and teacher practice(urban schools). Unpublished doctoral dissertation, Northern Illinios University.

Nielsen, D. M. (1999). *Creative art for the developing child : A teachers handbook for early childhood education*. Fearon Teacher Aids A Division of Frank Schatter Publications, Inc.

Schirrmacher, R. (2006). *Art and creative development for young children*. Albany, NY : Delmar.

Seefeldt, C. (1980). *Teaching young children*. Englewood Cliffs, NJ: Prentice - Hall, Inc.

Seefeldt, C., & Barbour, N. (1994). *Early childhood education: An introduction*. New York: Macmillan College Publishing Company.

Smart, R. C., & Smart, M. S. (1977). Group value shown in preadolescents' drawing in five English - speaking countries, In R. C. Smart & M. S. Smart (Eds.). *Readings in child development and relationships* (pp. 313 - 324). New York: Macmillan Publishing Co. Inc.

Szyba, C. M. (1999). Why do some teachers resist offering appropriate open - ended art activities for young children? *Young Children, 54*(1), 16 - 20.

Wright, S. (1991). Beyond a developmental approach to the arts, In S. Wright (Ed.). *The arts in early childhood* (pp. 1 - 24). New York: Prentice Hall.

저자소개

이숙재(李淑宰)

연세대학교 대학원(교육학 박사)

현재 : 성신여자대학교 유아교육과 교수

저서 :「유아를 위한 놀이의 이론과 실제」

「놀이 이론」(공역)

「유아를 위한 운동놀이」(공저)

「영유아 언어교육」(공저)

「유아 미술교육」(공저)

「창의적 유아 미술교육」(공저)

「유아발달에 적합한 유치원 실내교육환경」(공저)

「영유아의 발달과 교육」(공저)

「영유아 놀이 활동」

김경란(金慶蘭)

중앙대학교 대학원 유아교육학과 졸업(교육학 박사)

현재 : 광주여자대학교 교수

저서 :「영유아 언어교육」(공저)

「유아 미술교육」(공저)

이방실(李芳實)

성신여자대학교 대학원(교육학 박사)

현재 : 가천대학교 세살마을연구원 연구교수

저서 :「연극놀이를 통한 유아경제교육」(공저)

개정

영유아 미술교육

초판 1쇄 발행 2002년 2월 28일
초판 10쇄 발행 2011년 7월 15일
개정 5쇄 발행 2017년 1월 6일

지은이 | 이숙재·김경란·이방실
펴낸이 | 김기섭
편집인 | 박연순
펴낸곳 | 창지사 www.changjisa.com
153-802 서울특별시 금천구 가산디지털 1로 83
파트너스타워1차 9층
전화 (02) 719-2211~3
팩스 (02) 701-9386
등 록 | 1977년 4월 28일·제1-421호

ISBN 978-89-426-0630-6 (93370)

값 18,000원